高职酒店管理与数字化运营专业课程思政探索与实践

GAOZHI JIUDIAN GUANLI YU SHUZIHUA YUNYING ZHUANYE
KECHENG SIZHENG TANSUO YU SHIJIAN

赵莹雪　梁少华　郭　祎◎著

北京·旅游教育出版社

本书受广州番禺职业技术学院2021年教学创新团队项目"酒店管理与数字化运营专业教学创新团队"（项目编号：220340226）资助出版。

前　言

本书是广州番禺职业技术学院 2021 年教学创新团队项目"酒店管理与数字化运营专业教学创新团队"（项目编号 220340226）的阶段性成果。

本书首先厘清了高职课程思政的建设内涵及高职酒店管理与数字化运营专业同课程思政的内在关联，明确了高职酒店管理与数字化运营专业课程思政建设的目标和任务；其次，通过问卷调查及专家访谈，分析了高职酒店管理与数字化运营专业课程思政的建设现状、评价现状；然后，总结了高职酒店管理与数字化运营专业课程思政的特点与问题；最后，提出了高职酒店管理与数字化运营专业课程思政的实施路径，展示了课程思政的教学案例。

全书分为六章：第一章为高职酒店管理与数字化运营专业课程思政建设的理论基础，第二章为高职酒店管理与数字化运营专业课程思政建设的目标和任务，第三章为高职酒店管理与数字化运营专业课程思政建设现状分析，第四章为高职酒店管理与数字化运营专业课程思政的特点与问题，第五章为高职酒店管理与数字化运营专业课程思政实施路径，第六章为高职酒店管理与数字化运营专业课程思政教学案例设计与实施成效分析。

全书由赵莹雪设计框架体系。其中赵莹雪完成第一章，第三章的一、二，第四章的二（一）（二），第五章的一、二，第六章"《餐饮服务与管理》教学案例设计"、教师调查问卷设计、学生调查问卷设计等内容的撰写；梁少华完成第二章，第三章的四，第四章的二（四），第五章的四，第六章的二（二）及"《酒店营销实务》教学案例设计"等内容的撰写；郭祎完成第三章的三，第四章的一、二（三），第五章的三，第六章的二（一）及"《酒店服务礼仪》教学案例设计"等内容的撰写和访谈问卷的整理工作。访谈提纲、教师问卷、学生问卷、访谈记录由赵莹雪、梁少华、郭祎共同完成。

本书在编写过程中参阅了大量同行专家的论著，在此一并表示衷心的感谢！

作者
2022 年 8 月 9 日

目 录

第一章　高职酒店管理与数字化运营专业课程思政建设的理论基础 …………… 1
　一、高职课程思政的建设内涵 ………………………………………………… 1
　二、高职酒店管理与数字化运营专业与课程思政的内在关联 ……………… 3

第二章　高职酒店管理与数字化运营专业课程思政建设的目标和任务 ………… 7
　一、高职酒店管理与数字化运营专业课程思政建设的目标 ………………… 7
　二、高职酒店管理与数字化运营专业课程思政建设的任务 ………………… 12

第三章　高职酒店管理与数字化运营专业课程思政建设现状分析 ……………… 16
　一、高职酒店管理与数字化运营专业课程思政主讲教师现状分析 ………… 16
　二、高职酒店管理与数字化运营专业课程思政教学内容现状分析 ………… 26
　三、高职酒店管理与数字化运营专业课程思政教学改革现状分析 ………… 31
　四、高职酒店管理与数字化运营专业课程思政评价现状分析 ……………… 39

第四章　高职酒店管理与数字化运营专业课程思政的特点与问题 ……………… 69
　一、酒店管理与数字化运营专业课程思政的特点 …………………………… 69
　二、酒店管理与数字化运营专业课程思政建设的问题 ……………………… 70

第五章　高职酒店管理与数字化运营专业课程思政实施路径 …………………… 78
　一、师资建设实施路径 ………………………………………………………… 78
　二、教学内容实施路径 ………………………………………………………… 80
　三、教学改革实施路径 ………………………………………………………… 84
　四、教学评价实施路径 ………………………………………………………… 89

第六章　高职酒店管理与数字化运营专业课程思政教学案例设计与实施成效分析 …… 91
　　一、教学案例设计 …………………………………………………………… 91
　　二、课程思政实施的效果分析 …………………………………………… 120

参考文献 ………………………………………………………………………… 124

附录一　教师问卷 …………………………………………………………… 126

附录二　学生问卷 …………………………………………………………… 133

附录三　访谈提纲 …………………………………………………………… 138

附录四　访谈记录 …………………………………………………………… 139

第一章 高职酒店管理与数字化运营专业课程思政建设的理论基础

一、高职课程思政的建设内涵

高校思想政治工作是一项重要的政治任务,关系到人才培养目标的实现、国家核心竞争力的提高和中华民族的振兴[1]。2020年6月,教育部印发了《高等学校课程思政建设指导纲要》的通知(以下简称《通知》)。《通知》明确了课程思政建设内容要紧紧围绕坚定学生理想信念,以爱党、爱国、爱社会主义、爱人民、爱集体为主线,围绕政治认同、家国情怀、文化素养、宪法法治意识、道德修养等重点优化课程思政内容供给,系统进行中国特色社会主义和中国梦教育、社会主义核心价值观教育、法治教育、劳动教育、心理健康教育、中华优秀传统文化教育[2]。

综合各位学者的观点,本书认为"课程思政"是指除思政课之外的其他所有课程,在系统、科学地开展专业知识讲授的同时,有机融入思想政治教育的理论知识、价值理念、精神内核的教育方式[3-4]。

对于高职教育而言,课程思政的建设内涵主要体现在以下几点。

(一)强化政治认同教育

坚持不懈用习近平新时代中国特色社会主义思想铸魂育人,引导学生了解世情国情党情民情,增强对党的创新理论的政治认同、思想认同、情感认同,坚定中国特色社会主义道路自信、理论自信、制度自信、文化自信。目前,高职院校大多数学生都是"00后",大多数学生不太关注复杂的社会现象和国内外政治形势,不容易理解幸福生活的来之不易。因此,高职教育不仅要承担思想政治教育的重要任务,高职教育的每一门课程都要承担起立德树人的重要任务,在向学生传授知识和技能的同时,培养学生爱国、爱党的政治觉悟[5]。

(二) 加强中华优秀传统文化教育

大力弘扬以爱国主义为核心的民族精神和以改革创新为核心的时代精神，教育引导学生深刻理解中华优秀传统文化中讲仁爱、重民本、守诚信、崇正义、尚和合、求大同的思想精华和时代价值，教育引导学生传承中华文脉，富有中国心、饱含中国情、充满中国味，使他们自觉践行社会主义核心价值观，成为中华民族伟大复兴的先行者。

(三) 加强社会主义核心价值观教育

教育引导学生把国家、社会、公民的价值要求融为一体，提高个人的爱国、敬业、诚信、友善修养，自觉把小我融入大我，不断追求国家的富强、民主、文明、和谐及社会的自由、平等、公正、法治，将社会主义核心价值观内化为精神追求、外化为自觉行动。

(四) 深入开展宪法法治教育

教育引导学生学思践悟习近平全面依法治国新理念新思想新战略，牢固树立法治观念，坚定走中国特色社会主义法治道路的理想和信念，深化对法治理念、法治原则、重要法律概念的认知，提高运用法治思维和法治方式维护自身权利、参与社会公共事务、化解矛盾纠纷的意识和能力。

(五) 深化职业理想和职业道德教育

教育引导学生深刻理解并自觉实践各行业的职业精神和职业规范，增强职业责任感，培养遵纪守法、爱岗敬业、无私奉献、诚实守信、公道办事、开拓创新的职业品格和行为习惯。大多数高职学生生长在优越的环境中，挫折感少，自我意识强，许多学生缺乏吃苦耐劳的合作精神。因此，高职院校的每门课程在教学过程中都应根据教学内容，加强对学生的品德、道德、社会公德、纪律和守法的素质教育，培养学生的诚信、团结、合作和敬业精神，引导学生树立科学精神和创新精神，塑造学生高尚的人格和行为，使他们在未来的职业生涯中取得成功。

（六）加强心理健康素养教育

与普通大学生相比，高职学生的入学门槛较低。同时，社会对职业教育仍然存在一些偏见，许多高职学生存在自卑感，缺乏自信，对未来感到困惑。因此，高职院校课程思政内容有必要关注学生的心理健康，培养学生健康的心态和正确的价值观，同时让他们认识到高职学生在生产、建设、管理等方面具有自身的特点和优势，在中国由工业大国向工业强国转变的新时期，技术素质高、德才兼备、技能过硬的高职人才具有广阔的前景。在高职院校推行思政课程，要充分发挥道德建设和人文修养的作用，让青年学生在校期间受到正三观、学做人、立宏志的培根铸魂教育，这对培养高素质的技术技能人才具有重要意义。

酒店管理专业旨在培养具有良好的管理理论素养、扎实的酒店专业技能、国际化和创新性视野的酒店管理高层次人才。酒店管理专业的毕业生需要扎实的酒店管理专业技能以及优秀的思想政治素质。在培养过程中，要充分重视学生实践能力的培养，重视学生思想政治素质的打造。通过专业课程的思政教育，培养学生的理论文化，加强学生的思想政治素质。酒店管理专业课程思想政治教育建设，必须依托课程的专业特色，突出思想政治教育的目的。

二、高职酒店管理与数字化运营专业与课程思政的内在关联

（一）专业特性与课程思政的内在关联

酒店管理和数字专业课程是管理类课程，根据《通知》的要求，在教学中要遵循马克思主义的指导思想，加快建设有中国特色的哲学社会科学学科体系、学术体系和话语体系。要帮助学生了酒店行业的国家战略、法律法规和相关政策，引导学生深入社会实践，关注实际问题，培养学生真诚服务人民且具备道德正义的职业素质。

1. 专业特性与核心价值观的关联

酒店专业具有"隶属管理类专业"特性。现代管理理论虽然来自西方，但中国优秀的传统文化中蕴含了丰富的管理思想。中国优秀传统文化在继承性、独立性、民族性、时代性等价值取向上具有独特优势，"修身治国、家庭团聚、世界和平"体现了中国人积极进取的人生精神，是一种积极向上的人生哲学。修身是做人的关键，它主要是指道德自律，

自我完善也是自我管理。将中国传统文化中的修身、治国、齐家、平天下的价值观引入现代企业文化中，有利于弘扬个人积极进取、勤奋、坚忍不拔的优秀品质，远大的志向可以直接转化为员工的动力，可以激发员工内在的多重潜能和创造活力，促进员工和谐完美精神的形成。在酒店专业教学中融入"中国优秀的管理思想"，有助于引导学生传承中国优秀传统文化，树立文化自信[6]。

酒店专业具有"国际化"特性。随着我国与世界的联系日趋紧密，国际化通常是各大型酒店集团必然的战略取向。酒店作为与外界交流的节点功能将得到不断加强，这决定了酒店行业的从业者与国外的人员、信息、物资等接触的机会通常会更多，受到外来影响的概率也更高。另外，当代酒店的运作模式往往承袭于西方国家，因此外显的文化往往是西方的文化，容易使学生想当然地认为酒店的管理和运营必须按照西方模式进行，并无形中更加认可西方文化。因此，高职酒店管理专业教师在专业课程中有必要加入"与民族自强和文化自信的融合"思政元素，强化学生对于国家、民族及文化的认同，使其认识到中国文化的底蕴和人文关怀，坚定文化自信。

2. 专业特性与伦理道德的关联

酒店专业具有"以人为本"的特性。酒店生产的独立性、酒店产品生产和消费的同步性以及酒店产品的不可转让性充分说明了"人"在酒店业中的重要性。以人为本就是要认真研究客人和酒店员工的需求，努力实现人与事的密切合作，实现和谐与协调。通过比较中外不同的酒店管理方式，引发学生对人性的思考，不同的人性假设所使用的激励方式也不同。同时可以引导学生在与人交往中，在日后的工作中，坚持积极的人性假设，以最大的善意对待他人[6]。

3. 专业特性与人生方向的关联

酒店专业具有"动态创新性"。由于酒店建设投资高，回收期长，因此，酒店的服务功能不可能经常改变或更新，但鉴于客人不断变化的需求，酒店必须灵活创新，根据不断变化的客人需求不断研发新产品，使酒店服务持续改变和创新[7]。这在客观上要求酒店专业"课程思政"教学必须融入"自我完善和创新精神"的思政元素，培养学生能够快速接纳新鲜事物，并适时做出相应改变与提升。此外，酒店行业由于人员往来频繁，经常会遇到各种各样的新情况和新问题，这就需要酒店专业课程引导学生不能墨守成规、因循守旧，而是要懂得灵活应对，转换思维方法，另辟蹊径地解决问题，这都是创新精神的一种体现。

酒店专业具有"综合系统性"。酒店是一种配套齐全、功能多样的消费场所，可以满足各类宾客的各种需求，目的就是使宾客拥有"家外之家"的舒适感。酒店的各种服务功能在独立运转的同时又相互交叉配合，形成酒店的综合服务体系，为使酒店的服务体系正常高效运转，需要与之相适应的综合系统的管理体系，这个管理体系包括设置合理的管理机构和科学高效的服务规程与管理制度，协调和整合酒店的各种要素，确保酒店整体目标的实现。高职酒店专业教师需要在教学中植入"协作精神和团队意识"思政元素，引导学生认识酒店管理的复杂性和系统性，真切感受到只有不同的管理部门和不同的员工之间能够实现有效的互动、合作和相互配合，才能真正地把酒店的各项工作做好，使学生从内心理解团队合作的重要性，激发学生的集体荣誉感和团队意识。

酒店专业具有"鲜明的实践性"。高职酒店管理专业旨在培养适应现代酒店业发展需要的高素质应用型人才。这一目标定位决定了高职酒店管理专业必须具有鲜明的实践性特征[7]。与其他专业相比，高职酒店管理专业实习时间往往较长，实习场所大多是国际国内知名酒店集团的酒店。高职酒店专业教师需要在实践环节中植入"职业信念和敬业精神"思政元素，着力加强学生服务意识的培养和敬业精神教育，促进学生的职业认知水平，培养学生做事认真、耐心等品格，引导学生学会制定长远的目标和职业规划。

（二）课程类型与课程思政的内在关联

《通知》根据课程体系中公共基础课、专业教育课、实践类课程，提出了相应的课程思政建设要求。本书论述的酒店管理与数字化运营专业课程思政建设指其中的专业教育课程和实践类课程。

以广州番禺职业技术学院为例，专业教育课程主要包括：管理基础与实务、新媒体营销、团队素质与人际沟通等3门专业群平台课；酒店管理信息系统应用、酒店营销实务、酒店基层督导业务、酒店实用英语、餐饮经营管理等5门专业核心课；景区服务与管理、国际旅游攻略、酒店文化建设与实施、数据导向的客户关系管理、民宿运营管理、跨文化交际、研学旅游、邮轮管理、饮食文化等9门专业拓展课程。该类课程建设要根据酒店管理与数字化运营专业的特色和优势，深入研究专业的育人目标，深度挖掘提炼专业知识体系中所蕴含的思想价值和精神内涵，科学合理地拓展专业课程的广度、深度和温度，从课程所涉专业、行业、国家、国际、文化、历史等角度，增加课程的知识性、人文性，提升引领性、时代性和开放性。

实践类课程主要包括：酒店前厅与客房管理、美团电商项目、葡萄酒品鉴与侍酒、黄金服务、职业形象塑造、酒店收益管理、酒店管理沙盘模拟实训、茶品鉴与茶艺、咖啡品鉴与制作、调饮创客嘉年华、顶岗实习与毕业调研等 11 门专业技能实践课；酒店会展策划与实施、旅游企业研究项目课程、酒店数字营销项目课程、服务标准优化项目课程、旅游企业创新创业项目课程、旅游营销与策划项目课程、西点烘焙、摄影与网络美工等 8 门专业技能拓展课程。该类课程要注重学思结合、知行合一，增强学生勇于探索的创新精神、善于解决问题的实践能力。其中茶品鉴与茶艺、咖啡品鉴与制作、调饮创客嘉年华、旅游企业创新创业项目课程、旅游营销与策划项目课程、西点烘焙等创新创业教育课程，要注重让学生"敢闯会创"，在亲身参与中增强创新精神、创造意识和创业能力。

第二章　高职酒店管理与数字化运营专业课程思政建设的目标和任务

一、高职酒店管理与数字化运营专业课程思政建设的目标

（一）高职酒店管理与数字化运营专业课程思政建设的目标指向

教育部关于印发《高等学校课程思政建设指导纲要》以下简称《纲要》的通知（教高〔2020〕3号）指出"课程思政建设工作要围绕全面提高人才培养能力这个核心点，在全国所有高校、所有学科专业全面推进，促使课程思政的理念形成广泛共识，广大教师开展课程思政建设的意识和能力全面提升，协同推进课程思政建设的体制机制基本健全，高校立德树人成效进一步提高"，从而在宏观层面为课程思政建设提供了"原则性目标指向"[2,8]。《纲要》进一步要求，需要结合专业特点分类推进课程思政建设，其中经济学、管理学、法学类专业课程，要在课程教学中坚持以马克思主义为指导，加快构建中国特色哲学社会科学学科体系、学术体系、话语体系。要帮助学生了解相关专业和行业领域的国家战略、法律法规和相关政策，引导学生深入社会实践、关注现实问题，培育学生经世济民、诚信服务、德法兼修的职业素养。

职业教育是促进经济社会发展和提高国家竞争力的重要支撑，担负着培养输出大批高素质技术技能型人才的艰巨任务，应该将思想政治教育与技术技能培养有机统一。高职酒店管理与数字化运营专业课程思政建设要服务国家、社会、个体三个层次的需要[9]。一是立足于培养社会主义事业的合格建设者和可靠接班人。培养专业学生的责任感和使命感，教育引导学生积极投身大旅游产业和酒店行业建设热潮，立志成为中国特色社会主义事业的有价值人才。二是支撑国家转型发展和竞争力提升。在实现中华民族伟大复兴的新时代坐标中，在推进建设现代化强国、全面建成小康社会的决胜时刻，解决酒店

及相关行业高素质、高技能人才短缺困境，为经济社会高质量发展、提高国家竞争力提供优质人才资源支撑。三是做学生思想的守护者。专业学生面对多元化社会，在世界观、人生观和价值观塑造的关键时期，需要正确合理、及时有效的思想政治教育。

（二）高职酒店管理与数字化运营专业课程思政建设目标架构

酒店行业属于服务业，是对外展示国家和地方形象的窗口，人才培养需要与大国意识、政治认同和文化自信相结合，需要与良好的职业素养、专注求精的服务精神、良好的职业操守和责任意识结合。具体到各业务岗位，对市场观念、客户中心、商品意识、价值意识、市场法律法规，以及开拓进取、团队协作、善于沟通等职业素质和能力有着特定的要求。当前专业学生在服务意识、吃苦耐劳、与人协作等方面与企业需求存在较大差距，如沟通能力不足，习惯性逃避需要与客人交流的工作场景，缺乏自信等[10]，这就要求在课程思政目标上加强培养学生良好的职业素养、优秀的沟通能力、良好的职业道德和职业操守、塑造优秀的品格和人格。

高职酒店管理与数字化运营专业课程思政建设需要充分运用大局观、整体观、系统观和发展观进行思考，从以下方面进行目标架构。

1. 以课程为抓手进行体系化建设

课程思政是高校把思想政治工作贯穿教育教学全过程、落实立德树人根本任务的重要战略举措[11]。酒店管理与数字化运营专业课程建设目标定位需要以课程为依托，聚焦专业改革创新，努力形成具有专业特色的人才培养体系、课程体系、教学体系和思政体系[11]。其中，人才培养体系要育人与育才相统一，要求专业要以德行为内核对学生进行精神境界的塑造，使学生成长为德智体美劳全面发展的社会主义建设者和接班人。课程体系方面，课程特质要与思政元素相融合，要求将思想政治教育融入各门专业课程，充分挖掘课程思想政治元素，实现课程价值引领、知识传授与能力培养相统一。教学体系要显性教育与隐性教育相互支撑、相互辅助，使思想政治教育的内隐性、柔和性通过显性专业课程通达学生的知识素养体系。思政体系要专业课程与思政课程相协同，两者同向同行，形成"大思政"育人体系，构建全员、全过程、全方位育人格局。

2. 以时间为主线进行阶段化推进

课程思政建设是一项战略性工程。酒店管理与数字化运营专业课程思政目标可以具体分解为短期目标、中期目标、长期目标三大阶段。短期目标着眼于充分挖掘各门专业课程的思想政治教育资源，发挥相关课程的思想政治教育功能，实现知识教育与价值引导的统一。中期目标是通过打造思政课程与课程思政协同育人体系，共同服务专业立德树人的根本任务。首先建设好思政课程，使其真正成为灵魂课程、核心课程。其次将思政课程融入专业课程教学和改革各环节和各方面，使专业课程成为思政课程的有力支撑。长期目标以服务党和国家战略目标的实现为蓝图，建成包含思政课程、专业课程和通识课程的"大思政"课程体系，实现各类课程有机融合。

3. 以价值为目标发挥课程思政的意义

课程思政的价值目标是不断提高人才培养质量，应该从育人的政治高度、知识宽度、思想深度三个层面来理解[12]。酒店专业课程思政建设将站稳教育的政治立场作为价值目标的起点，提高育人的政治站位，建构具有政治高度的教育观，将打造教学的知识宽度作为酒店专业课程思政建设的基本价值取向，以专业课程为基础，建构具有知识宽度的教学观，形成更为广阔的知识视野、更为普遍的社会关怀、更为深厚的家国情怀；将塑造人才的思想深度作为课程思政建设的价值旨归，通过在各门课程中建设价值同向的知识链，使得对学生思想价值观念的教育引导在思政课程与课程思政之间实现无缝对接，从而启发学生的价值自觉，坚定政治立场、富有家国情怀、乐于改革创新、勇于承担责任、敢于直面风险[12]。

（三）高职酒店管理与数字化运营专业课程思政建设目标呈现

在现行高职酒店管理与数字化运营专业人才培养方案中，对人才培养目标的表述充分融入了思想政治要求，是专业课程思政建设目标的具体呈现。较为普遍的表述包含了"理想信念、德智体美劳、人文素养、职业道德、创新意识、工匠精神"等思政关键词（见表2-1），这些关键词表达了专业思政育人的核心指向。同时，"信息化思维、国际化视野、跨文化协作、数字化管理意识、人性化服务、积极心态、国际视野、领导艺术、社会责任、管理素质、价值观"等关键词强化了专业思政育人特色。随着数字经济发展和酒店业的转型升级，客观上对具备信息技术应用和数字化思维的复合型创新型人才需求与日俱增。《职业教育专业目录（2021年）》将高职专业"酒店管理"更名为"酒店管理与数字化运营"，表明专业人才培养要将数字化意识、数字化素养培养纳入课程思政建设目标。

表 2-1 高职酒店管理与数字化运营专业人才培养目标中的思政关键词

序号	院校名称	内容呈现	共现关键词	特色关键词
1	山西旅游职业学院	思想信念坚定、崇高的职业道德。	思想信念、职业道德	—
2	新乡职业技术学院	理想信念坚定，德、智、体、美、劳全面发展，具有一定的科学文化水平、良好的人文素养、职业道德、创新意识，精益求精的工匠精神和较强的就业创业能力和可持续发展的能力。	创新意识、工匠精神、创业能力、可持续发展能力	—
3	常州职业技术学院	理想信念坚定，德、智、体、美、劳全面发展，德技并修，具有一定的科学文化水平，良好的人文素养、职业道德和创新意识，精益求精的工匠精神，"互联网+"大数据及信息化思维与国际化视野，较强的就业创业能力和可持续发展能力。	理想信念、德智体美劳、人文素养、职业道德、创新意识、工匠精神	信息化思维、国际化视野
4	顺德职业技术学院	理想信念坚定，德、智、体、美、劳全面发展，适应新技术变革与产业转型升级需要，具有国际文化视野、跨文化协作能力、匠心服务精神、爱岗敬业等素质。	理想信念、德智体美劳、匠心服务精神	国际文化视野、跨文化协作
5	广州番禺职业技术学院	理想信念坚定，德、智、体、美、劳全面发展，具有一定的科学文化水平，良好的人文素养、职业道德和创新意识，精益求精的工匠精神，较强的就业能力和可持续发展的能力。	理想信念、德智体美劳、人文素养、职业道德、创新意识、工匠精神	—
6	烟台职业学院	理想信念坚定，德、智、体、美、劳全面发展，具有一定的科学文化水平，良好的人文素养、职业道德和创新意识，精益求精的工匠精神，较强的大数据分析能力和可持续发展的能力。	理想信念、德智体美劳、人文素养、职业道德、创新意识、工匠精神	—
7	惠州经济职业技术学院	理想信念坚定，德、智、体、美、劳全面发展，具有一定的科学文化水平，良好的人文素养、职业道德和创新意识，精益求精的工匠精神，较强的就业能力和可持续发展的能力。	理想信念、德智体美劳、人文素养、职业道德、创新意识、工匠精神	—
8	青岛职业技术学院	理想信念坚定、德技并修、全面发展，具有一定的科学文化水平、良好的人文素养、职业道德和创新意识，精益求精的工匠精神，较强的就业创业能力和可持续发展的及适应时代要求的关键能力。	理想信念、德技并修、德智体美劳、人文素养、职业道德、创新意识、工匠精神	—

第二章 高职酒店管理与数字化运营专业课程思政建设的目标和任务

续表

序号	院校名称	内容呈现	共现关键词	特色关键词
9	三亚航空旅游业技术学院	良好的职业道德和求是的敬业精神、敏锐的数字化管理意识与高超的人性化服务技能、良好的客户交流沟通能力和不断进取的阳光积极心态。适应高星级酒店发展需要,具有人文素质、国际视野、领导艺术、创新意识、创业精神和社会责任。	职业道德、敬业精神、人文素质	数字化管理意识、人性化服务、积极心态、国际视野、领导艺术、社会责任
10	浙江旅游职业学院	拥护党的基本路线,践行中国特色社会主义思想,具有良好的职业道德和敬业精神,德、智、体、美、劳全面发展。	党的基本路线、中国特色社会主义思想、职业道德、敬业精神、德智体美劳	—
11	汕头职业技术学院	理想信念坚定,德智体美劳全面发展,具有一定的科学文化水平,良好的人文素养、职业道德和创新意识,精益求精的工匠精神,较强的就业能力和可持续发展能力。	理想信念、德智体美劳、人文素养、职业道德、创新意识、工匠精神	—
12	河北旅游职业学院	理想信念坚定,德技并修、全面发展,具有良好的人文素养、职业道德、创新意识和国际化视野,精益求精的工匠精神,较强的就业创业能力和可持续发展能力。	理想信念、德技并修、人文素养、职业道德、创新意识、工匠精神	国际化视野
13	茂名职业技术学院	德技并修、德智体美劳全面发展;较高管理素养素质,"价值观+知识+技能+创新"的高素质劳动者。	德技并修、德智体美劳	管理素质、价值观
14	广东科贸职业学院	德智体美劳全面发展,具有一定科学文化水平,良好的人文素养、职业道德和创新意识,精益求精的工匠精神。较强的就业能力和可持续发展的能力。	德智体美劳、人文素养、职业道德、创新意识、工匠精神	—
15	广东碧桂园职业学院	理想信念坚定,能践行社会主义核心价值观,身心健康,德、智、体、美、劳全面发展,具有一定的科学文化知识,良好的人文素养、职业道德和创新意识,精益求精的工匠精神。	理想信念、社会主义核心价值观、德智体美劳、人文素养、职业道德、创新意识、工匠精神	—

资料来源:根据各院校酒店专业人才培养方案整理。

二、高职酒店管理与数字化运营专业课程思政建设的任务

（一）构建科学合理的专业课程思政课程体系

将思政教育目标内容要求贯穿于人才培养方案、教学大纲、教案设计、教学实施等环节，统筹课堂教学、线上教学、实训教学、实践教学和社团活动、社会实践等的思政建设。统筹专业基础课、专业核心课、专业选修课，以及企业课堂的思政任务，形成环环相扣的课程思政局面。

（二）依托专业特色挖掘思政内容供给

在原有知识结构中融入什么样的思政内容是课程思政的关键问题。《高等学校课程思政建设指导纲要（2020）》要求课程思政建设内容要紧紧围绕坚定学生理想信念，以爱党、爱国、爱社会主义、爱人民、爱集体为主线，围绕政治认同、家国情怀、文化素养、宪法法治意识、道德修养等重点优化课程思政内容供给，系统进行中国特色社会主义和中国梦教育、社会主义核心价值观教育、法治教育、劳动教育、心理健康教育、中华优秀传统文化教育。高职酒店管理与数字化运营专业在《纲要》的指引下开展课程思政内容建设。

1. 政治认同

政治认同是指生活于一定政治体系中的社会成员对现存政治体系所产生的一种情感和意识上的归属感，以及基于特定利益而积极支持、参与政治体系的实践行为活动[13]。要把新时代的大学生培养成又红又专、重情重义，敢于担当的民族复兴大任的时代新人和中国特色社会主义事业合格建设者与可靠接班人，而不是旁观者，更不是反对者或精致的利己主义者[14]。酒店专业课程思政需要彰显中国共产党的政治领导力、思想引领力、群众组织力和社会号召力，特别是在酒店具体接待业务中，面对来自各个国家和地区的宾客，更应该表现出坚定的政治立场和价值主张，积极宣扬爱国主义和民族精神，敢于与损害国家形象和尊严的行为做斗争。

2. 社会主义核心价值观

坚持知信行统一，引导专业学生将社会主义核心价值观念转变成日常行为习惯，把实现社会价值、他人价值和自身价值结合起来，坚守"爱客、敬业、诚信、奉献、创新"

等核心价值观,把酒店服务当作永久的事业来做,让客人享受最大满意甚至惊喜,在服务中做到尊重备至、彬彬有礼、真诚质朴、温良谦恭、乐于助人等。

3. 中华优秀传统文化

围绕"讲仁爱、重民本、守诚信、崇正义、尚和合、求大同"的核心思想理念,强化团结统一、爱好和平、勤劳勇敢、自强不息的民族精神教育。立足区域特色,以文化人,以文育人。深挖地区历史故事、文化渊源、民间文化艺术、红色故事、优秀人物奋斗精神等,强化学生的文化自豪感,增强文化自信。

4. 理想信念教育

在国家富强、民族振兴以及人民幸福伟大愿景统领下,依循专业特点,深入开展理想信念教育。教育学生摒弃拜金主义、享乐主义、极端个人主义等思想,培养心忧天下的家国情怀和世界担当,让学生认识酒店职业发展的前景,树立做一名酒店专业人才的信念与信心。

5. 职业理想和职业道德

教育学生要坚信酒店业良好的发展前景,善于做好职业生涯规划。引导学生深刻理解并自觉实践酒店行业的职业精神和职业规范,培养良好的职业品格、职业礼仪、职业道德,增强职业责任感。遵循酒店业全心全意为宾客服务的根本服务宗旨,培养强烈的职业责任心和为客人服务的精神,热诚友好、诚实可信、无私奉献、真情付出,从客人的快乐中寻找自身的价值和人生的乐趣。

6. 法治教育

培养和强化学生的法治观念,提高学生学法、知法、守法的意识和能力。自觉遵守各项法律、法规及社会公共道德规范,学会用法律和智慧保护自己及他人的生命财产安全。基于专业特色,着重加强学生商标法、电子商务法、广告法、知识产权保护法、消费者权益保护法等的学习和实践。严格遵守酒店的各项规章制度和仪容仪表规范。

7. 劳动教育

酒店对客服务岗位工作强度大,作息时间不规律,需加强学生刻苦耐劳坚韧品格的培养。发扬酒店人的"工匠精神",创新具有中国特色的服务模式,擦亮酒店品牌。在面临疫情防控等重大事件背景下,在逆行中坚守岗位,勤于创造、勇于奋斗、孜孜不倦,突破服务瓶颈。

（三）培育优质课程思政专业教学团队

1. 强化专业教师思政建设

以习近平总书记"八个相统一"为根本遵循，充分运用集体教研、讲座沙龙、师德师风、教学能力专题培训等多种教育学习手段，掌握专业育人、课程思政、思政教育的原理和技能，强化专业教师育人意识，提升育人能力。专业教师要深刻领悟专业课程建设与专业人才培养的内在关联，着力提升各门专业课程建设的政治高度、人文情怀和责任担当。自觉把课程思政贯彻落实到教育教学各环节，推动育人与育才相结合。在专业知识体系的教学目标勘定、内容设计、课堂互动、师生交往、教学评估等具体环节中渗透专业思政教育。加强教师研究学生的能力、课程与教材设计开发能力、教学与管理能力、评价能力、反思与发展能力的培养。

2. 优化课程思政团队结构

组建"专业教师+"团队，利用校企合作、双师队伍建设等渠道，充分吸纳酒店行业大师、酒店精英、劳动模范、优秀校友等加入思政教学团队，充分发挥育人主体的优势和资源，用自身的知识结构和能力素质共同推进专业育人实践。打破"一门课程一人上到底"的传统，推行思政团队协作制和模块化教学。

（四）建设优质课程思政资源

结合酒店专业鲜明的职业特色、专业特色和课程特色，实现思政教育元素与专业知识有机融合，为专业课程的开展提供丰富、精准、系统的思政素材，为学生和教师提供系统的学习资源。拓展深厚历史性资源、前沿思想性资源和生动现实性资源供给，确保课程思政资源能满足、能辨别、能对标。建设酒店专业课程思政示范课和精品课程，建设包括教学视频、教学设计、教学课件、教学案例、教学素材、微视频等的课程思政教学资源库。整理收集《课程思政案例集》《课程思政案例题》《课程思政元素汇编》《课程思政研讨参考资料》等课程教辅材料。完善课程资源的动态更新调整机制，优化思政资源内容和形式。课程思政教学应选用国家级规划教材及其他优秀教材，积极推进课程立体化教材建设。教学参考资料的选用应注重其思想性、权威性和相关性，兼顾拓展性。

（五）创新教学手段和方法，构建高效课堂教学范式

创设平等和谐的教育氛围，充分调动学生的积极性、主动性与参与性。灵活使用多

种教学手段，积极培养学生自主学习能力。综合运用多元教学方法，组织引导学生积极参与和体验，有效引发学生情感共鸣和激励学习内驱力。拓展教学时间与空间，通过线上线下、课堂内外、学校内外等多元场景开展思政教学。引导方式上注意显性教育与隐性教育结合、灌输与渗透集合。结合人工智能、大数据、云平台等技术，落实专业数字化教学改革。

（六）考核与激励相结合，搭建科学课程思政评价体系

将对"教"的评价和对"学"的评价充分结合。形成多元化的教学评价体系，建立起能综合体现利益主体、教学过程、思政价值的评价模式，系统明晰评价的观察点，科学设计评价程序，立体呈现评价结果。将包含课堂教学设计、材料与思想政治教育问题的开发、学生作业、教学反思等的"文本评价"，和包含教学督导听课、同行评议等的"教学观察"相结合。同时充分利用酒店专业数字化手段，加强学生课堂反馈的收集和分析和学习效果的信息化跟踪。在评价维度上，教师方面应该包括思想政治教育元素的融入方式与程度、兴趣激发与主体调动程度、课堂教学管理、教学方法的适切性及创新性、教师的课程思政教学素养、教学材料与资源支持等。学生方面应该注重兴趣激发、主体调动、挑战度和获得感等。创设激励机制，将课程思政考核与各项评奖评优相结合。

第三章 高职酒店管理与数字化运营专业课程思政建设现状分析

一、高职酒店管理与数字化运营专业课程思政主讲教师现状分析

（一）基本情况

项目组针对全国高职酒店管理与数字化运营专业"课程思政"主讲教师现状进行了两次电子问卷调查，第一次于 2022 年 5 月 1 日在广东省旅游类教学指导委员会微信群发放电子问卷，第二次于 2022 年 7 月 11 日在中国饭店协会 1+X 试点项目 1 群微信群发放电子问卷，共回收有效问卷 87 份。问卷教师基本情况如表 3-1 所示。

表 3-1 问卷教师基本情况表

变量	类型	人数	比例（%）
性别	男性	29	33.33
	女性	58	66.67
年龄	30 岁以下	7	8.05
	31~40 岁	45	51.72
	41~50 岁	25	28.74
	51 岁以上	10	11.49
教龄	5 年以下	13	14.94
	5~10 年	18	20.69
	10~15 年	22	25.29
	15 年以上	34	39.08

续表

变量	类型	人数	比例（%）
职称	教授	5	5.75
	副教授	33	37.93
	讲师	38	43.68
	助教	11	12.64
政治面貌	党员	59	67.82
	非党员	28	32.18

从表3-1中可以看出，在性别上，女性教师数量是男性教师的2倍；在年龄方面，主要集中在31~50岁之间，人数占比80.46%，说明高职酒店管理与数字化运营专业的主讲教师以中青年为主；在教龄方面，15年以上的教师最多，占比39.08%，其次为10~15年，占25.29%，10年以上教龄的教师占比高达64.37%，说明高职酒店管理与数字化运营专业的主讲教师团队教学经验比较丰富；在职称方面，高级职称和中级职称占比相同，均为43.68%，初级职称的比例仅为12.64%，说明高职酒店管理与数字化运营专业的主讲教师团队高级职称教师比重较高，教师团队实力比较强。

依据问卷调研数据，项目组就高职酒店管理与数字化运营专业课程思政主讲教师的思政意识和思政能力做了相关分析。

（二）思政意识

1. 对课程思政的了解程度

通过调查发现，在了解程度方面，"比较了解"的占比最大，达到54.01%；其次是"一般"了解，占28.74%；"比较了解"和"非常了解"的占比达到63.22%。说明酒店管理与数字化运营专业教师总体上对课程思政的了解程度较高，但也有1.15%的教师对课程思政非常不了解（见图3-1）。

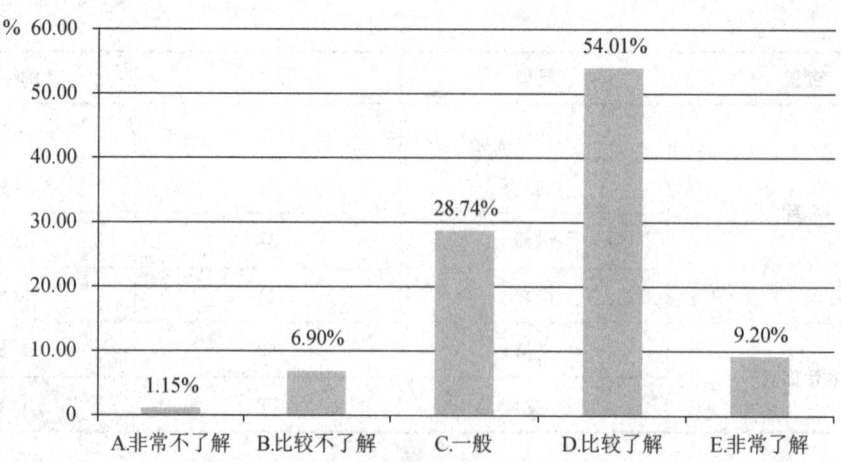

图 3-1 主讲教师对课程思政的了解程度

2. 对课程思政的必要性认识

在对课程思政的必要性认识方面,认为"非常必要"的占比最高,达 41.37%;其次是"比较必要",占 39.08%,二者占比高达 80.46%;认为"比较没必要"和"非常没必要"的分别占 1.15% 和 9.20%。说明绝大多数高职酒店管理与数字化运营专业主讲教师认为开展专业课程思政是必要的(见图 3-2)。

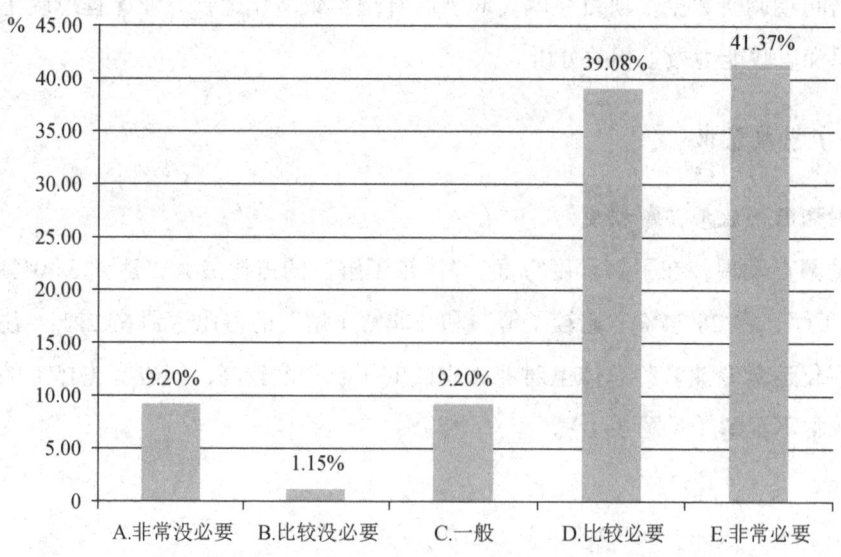

图 3-2 主讲教师对课程思政的必要性认识程度

3. 实施课程思政的意愿

在实施课程思政的意愿方面,高职酒店管理与数字化运营专业主讲教师中超过70%的教师意愿是强烈的,其中"比较强烈"的占57.47%,"非常强烈"的占12.64%;"不强烈"和"无意愿"的仅占4.6%(见图3-3)。

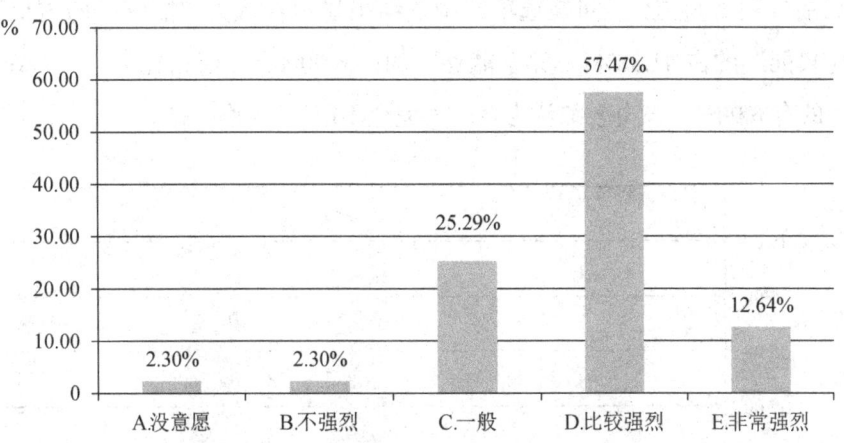

图3-3 主讲教师实施课程思政的意愿强烈程度

4. 对提升课程思政效果的意愿

在提升课程思政效果的意愿方面,高职酒店管理与数字化运营专业主讲教师表现出强烈的提升意愿,其中"比较强烈"的占55.17%,"非常强烈"的占18.39%;"不强烈"和"没意愿"的仅占1.15%(见图3-4)。

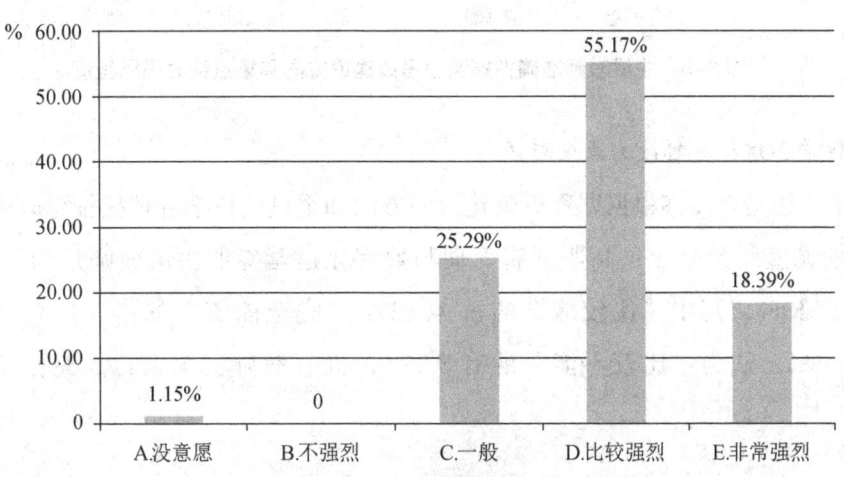

图3-4 主讲教师对提升课程思政效果的意愿强烈程度

(三)思政能力

1. 准确把握课程思政建设方向和重点的能力

关于"您是否能够根据不同专业人才培养特点和专业核心素养要求,准确把握课程思政建设的方向和重点?"问题选项的调查结果显示:认为"能够"的占比不到一半,其中"比较能"的占41.38%,"完全能够"的占6.90%,二者占比为48.28%;认为"比较不能"的有6.90%,没有教师认为自己"完全不能"(见图3-5)。

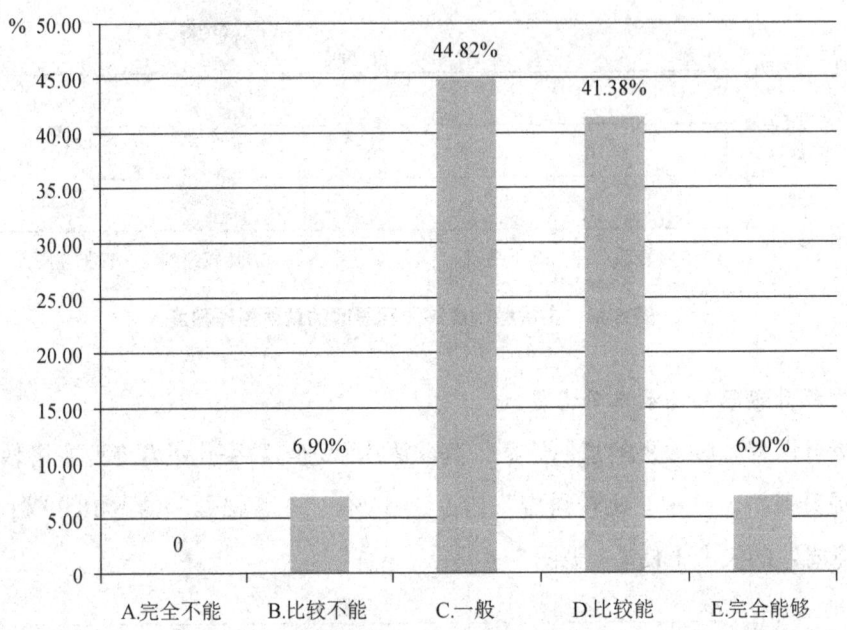

图3-5 主讲教师准确把握课程思政建设方向和重点能力强弱程度

2. 科学合理挖掘思政内容的能力

关于"您是否能够根据课程思政建设的方向和重点,科学合理挖掘思政内容?"问题选项的调查结果显示:高职酒店管理与数字化运营专业主讲教师认为"能够"的占比为50.57%,其中"比较能"的占44.82%,"完全能够"的占5.75%;认为一般的占41.38%;认为"比较不能"的有8.05%,没有教师认为自己"完全不能"(见图3-6)。

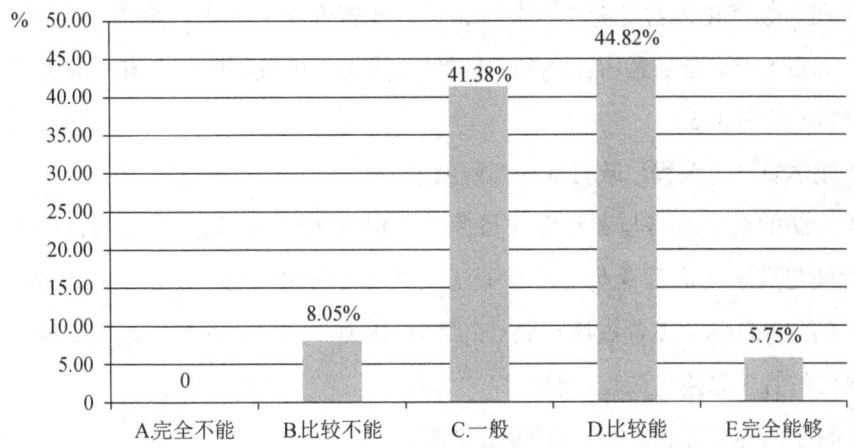

图 3-6　主讲教师科学合理挖掘思政内容的能力强弱程度

3. 明确所讲授的专业课程思政目标的能力

关于"您是否明确所讲授的专业课程思政目标？"问题选项的调查结果显示：高职酒店管理与数字化运营专业主讲教师认为"明确"的占比为 60.92%，其中"比较明确"的占 52.87%，"非常明确"的占 8.05%；认为"比较不明确"的有 3.45%，没有教师认为自己"非常不明确"（见图 3-7）。

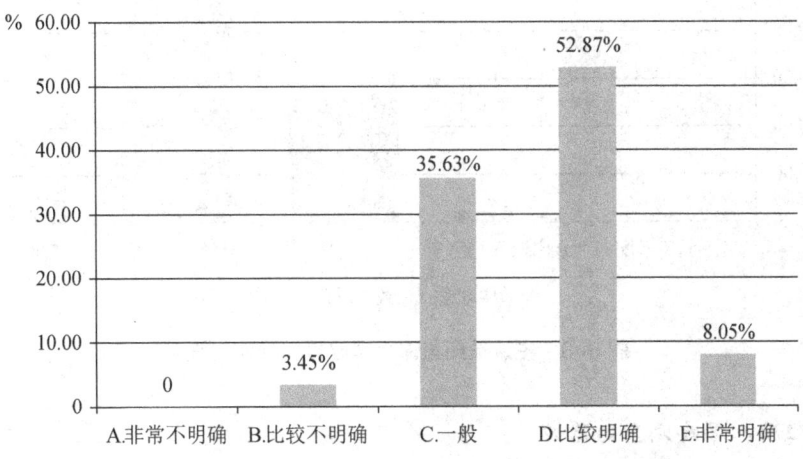

图 3-7　主讲教师明确所讲授专业课程思政目标明确程度

4. 教学理念与课程思政目标相匹配的能力

（1）教学理念与课程思政目标相匹配的能力

关于"您的教学理念与课程思政目标是否相匹配？"问题选项的调查结果显示：高

职酒店管理与数字化运营专业主讲教师认为"比较匹配"的占比最高,为59.77%,"非常匹配"的占8.05%,二者占比达到67.82%;认为"比较不匹配"和"非常不匹配"的均为1.15%(见图3-8)。

(2)教学思路与课程思政目标相匹配的能力

关于"您的教学思路与课程思政目标是否相匹配?"问题选项的调查结果显示:高职酒店管理与数字化运营专业主讲教师认为"比较匹配"的占比最高,为59.77%,"非常匹配"的占9.20%,二者占比达到68.97%;认为"比较不匹配"的有2.30%,没有教师认为自己的教学思路与课程思政目标"非常不匹配"(见图3-8)。

(3)教学内容与课程思政目标匹配的能力

关于"您的教学内容与课程思政目标是否相匹配?"问题选项的调查结果显示:高职酒店管理与数字化运营专业主讲教师认为"比较匹配"的占比最高,为57.47%,"非常匹配"的占8.05%,二者占比达到65.52%;认为"比较不匹配"的有2.30%,没有教师认为自己的教学内容与课程思政目标"非常不匹配"(见图3-8)。

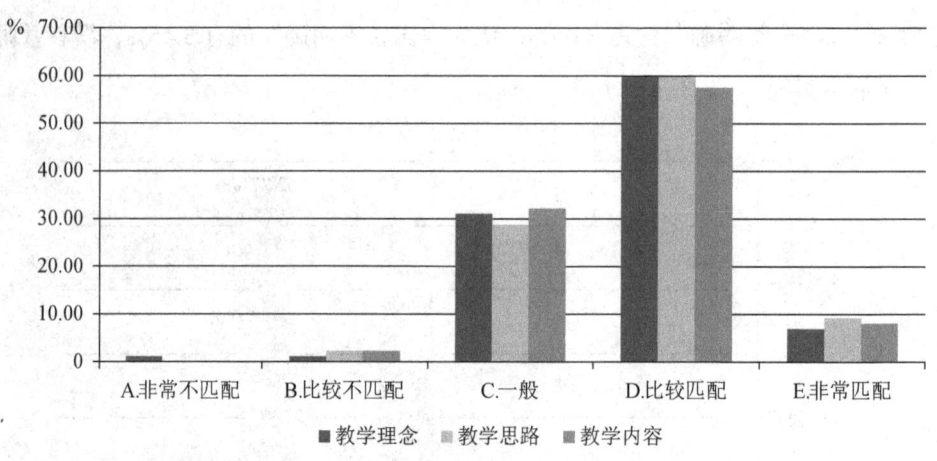

图3-8 主讲教师与课程思政目标相匹配程度

5. 隐性融入思政元素的能力

关于"您是否善于运用形式多样、学生喜爱的教学方法,在遵循学生认知规律的基础上,隐性融入思政元素做到既教书又育人?"问题选项的调查结果显示:高职酒店管理与数字化运营专业主讲教师认为"能够"的占比为64.37%,其中"比较能"的占55.17%,"完全能够"的占9.20%;认为"比较不能"的有4.60%,没有教师认为自己在专业课讲授过程中"完全不能"隐性融入思政元素(见图3-9)。

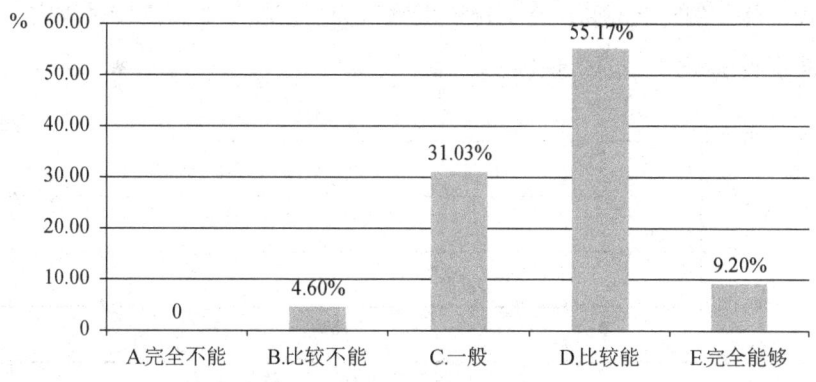

图 3-9　主讲教师隐性融入思政元素的能力强弱程度

6. 利用现代信息技术手段增强课程思政成效的能力

关于"您是否善于利用现代信息技术手段，合理运用信息化教学手段增强课程思政育人成效？"问题选项的调查结果显示：高职酒店管理与数字化运营专业主讲教师认为"能够"的占比为 59.77%，其中"比较能"的占 52.87%，"完全能够"的占 6.90%；认为"比较不能"的有 3.45%，没有教师认为自己在专业课讲授过程中"完全不能"利用现代信息技术手段增强课程思政成效（见图 3-10）。

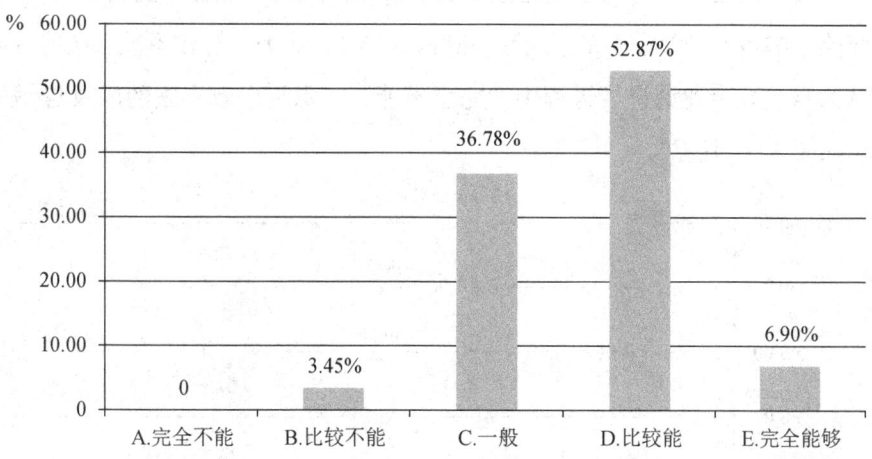

图 3-10　主讲教师利用现代信息技术手段增强课程思政成效的能力强弱程度

7. 创新思政课程教学模式的能力

关于"您是否善于创新教学模式，探索课程思政育人新模式、新方法、新载体，优化教学过程？"问题选项的调查结果显示：高职酒店管理与数字化运营专业主讲教师认为"能够"的占比为 64.37%，其中"比较能"的占 59.77%，"完全能够"的占 4.60%；

认为"比较不能"的有2.30%,有1.15%教师认为自己在专业课讲授过程中"完全不能"创新思政课程教学模式(见图3-11)。

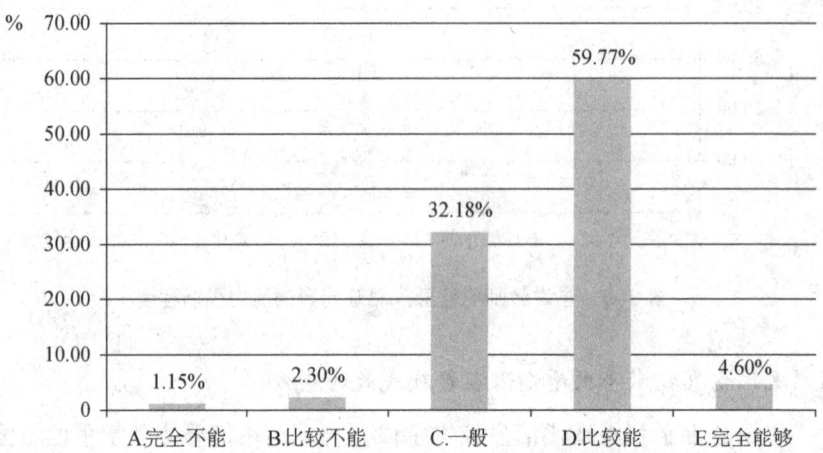

图3-11 主讲教师创新思政课程教学模式的能力强弱程度

8. 课程思政实施效果反思的能力

关于"您是否能够对课程思政实施的成效与不足进行有效反思?"问题选项的调查结果显示:高职酒店管理与数字化运营专业主讲教师认为"能够"的占比为57.47%,其中"比较能"的占51.72%,"完全能够"的占5.75%;认为"比较不能"的有3.45%,没有教师认为自己在专业课讲授过程中"完全不能"对课程思政实施的成效与不足进行有效反思(见图3-12)。

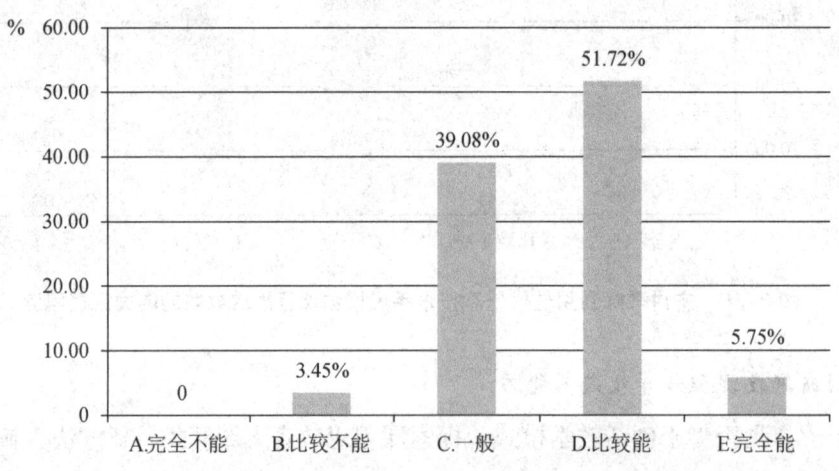

图3-12 主讲教师课程思政实施效果反思的能力强弱程度

9. 改进课程思政实施效果的能力

关于"您是否能够针对课程思政实施的成效与不足,提出教学设计与课堂实施的改进设想?"问题选项的调查结果显示:高职酒店管理与数字化运营专业主讲教师认为"能够"的占比为63.22%,其中"比较能"的占59.77%,"完全能够"的占3.45%;认为"比较不能"的有2.30%,没有教师认为自己在专业课讲授过程中"完全不能"针对课程思政实施的成效与不足,提出教学设计与课堂实施的改进设想(见图3-13)。

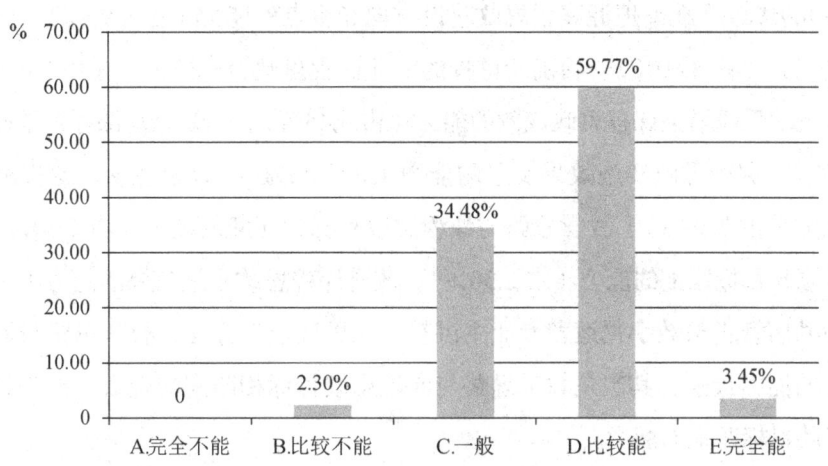

图3-13 主讲教师改进课程思政实施效果的能力强弱程度

(四)小结

综合调查结果,高职酒店管理与数字化运营专业主讲教师的思政意识较强,思政能力较好。

在思政意识方面,以正向指标("比较强烈"和"非常强烈")二者的占比和来比较,指标是了解程度(占63.21%)、必要性(占80.45%)、实施意愿(占70.11%)、提升意愿(占73.56%)。以负向指标("比较不强烈"和"非常不强烈")二者的占比和来比较,指标是了解程度(占8.05%)、必要性(占10.35%)、实施意愿(占4.6%)、提升意愿(占1.15%)。其中,课程思政的必要性指标的正向和负向值在四个指标中均为最大,说明该指标持中立场的教师比重最少,而持对立观点的教师比重最大。

在思政能力方面,以正向指标("比较能"和"完全能够")二者的占比和来比较,指标依次是教学思路与课程思政目标相匹配的能力(占68.97%)、教学理念与课程思政目标相匹配的能力(占67.82%)、教学内容与课程思政目标匹配的能力(占

65.52%）、隐性融入思政元素的能力（占 64.37%）、创新思政课程教学模式的能力（占 64.37%）、课程思政实施效果反思的能力（占 57.47%）、改进课程思政实施效果的能力（占 63.22%）、利用现代信息技术手段增强课程思政成效的能力（占 59.77%）、明确所讲授的专业课程思政目标的能力（占 60.92%）、科学合理挖掘思政内容的能力（占 50.57%）、准确把握课程思政建设方向和重点的能力（占 48.28%）。以负向指标（"比较不能"和"完全不能"）二者的占比和来比较，指标依次是科学合理挖掘思政内容的能力（占 8.05%）、准确把握课程思政建设方向和重点的能力（占 6.90%）、隐性融入思政元素的能力（占 4.60%）、明确所讲授的专业课程思政目标的能力（占 3.45%）、利用现代信息技术手段增强课程思政成效的能力（占 3.45%）、创新思政课程教学模式的能力（占 3.45%）、课程思政实施效果反思的能力（占 3.45%）、教学理念与课程思政目标相匹配的能力（占 2.30%）、教学思路与课程思政目标相匹配的能力（占 2.30%）、教学内容与课程思政目标匹配的能力（占 2.30%）、改进课程思政实施效果的能力（占 2.30%）。说明高职酒店管理与数字化运营专业主讲教师在思政能力方面，教学思路与课程思政目标相匹配的能力最强，其次是教学思路与课程思政目标相匹配的能力，第三是教学内容与课程思政目标匹配的能力。

二、高职酒店管理与数字化运营专业课程思政教学内容现状分析

（一）课程思政目标

通过查阅高职酒店管理与数字化运营专业的课程标准，主干课程思政目标如表 3-2 所示。

表 3-2　高职酒店管理与数字化运营专业主干课程思政目标

课程名称	思政目标
前厅服务与管理	（1）培养学生具备良好的政治素质、文化修养、思想品德和职业道德，具有良好的职业行为规范及行业法规知识，具有健康的体魄； （2）培养学生具有良好的心理素质和敬业、创新、进取精神及团队合作精神； （3）培养学生具有较强的人际沟通能力和情绪管理能力； （4）培养学生树立"爱岗敬业、精益求精"的职业态度。

续表

课程名称	思政目标
客房服务与管理	（1）培养学生具备科学解决实际问题的能力； （2）培养学生具有较强的人际沟通能力； （3）培养学生具有良好的团结协作能力； （4）培养学生具备批评与自我批评能力； （5）培养学生遵纪守法和良好的职业职业道德； （6）培养学生具备勇于创新、敬业、乐业的工作作风。
餐饮服务与管理	（1）培养学生深刻领会中华餐饮文化的魅力，坚定文化自信； （2）培养学生敬业、精益、专注、创新等方面的"职业"精神； （3）培养学生养成认真负责、踏实敬业的工作态度和严谨求实、一丝不苟的工作作风； （4）培养学生养成遵守法纪和行业企业标准的习惯； （5）培养学生具备良好的职业道德和行为操守，诚实守信，严把食品质量关； （6）培养学生坚守餐饮经理人的职业素养； （7）培养学生具有良好的团队合作精神； （8）培养学生具有良好的环境保护意识，践行绿色餐饮理念，杜绝餐饮浪费； （9）培养学生具有节约资源、降低餐饮生产成本的社会责任感。
康乐服务与管理	（1）培养学生树立遵纪守法的意识； （2）培养学生具有良好的敬业精神和服务意识； （3）培养学生具有良好的团队合作的团结协作意识； （4）培养学生富有创新精神，具有创业意识，具备一定的创业素质； （5）培养学生具有弘扬中华民族康乐文化的自觉意识。
酒店营销实务	（1）培养学生养成诚信待客、诚信工作的基本道德； （2）培养学生具备吃苦耐劳的精神； （3）培养学生具有独立思考，运用理论知识科学分析问题、解决问题的能力； （4）培养学生具备良好的团队合作精神。
酒店管理信息系统应用	（1）培养学生具备关爱客人的服务理念； （2）培养学生具备关注细微之处的服务意识； （3）培养学生具备保护客人隐私的意识； （4）培养学生具备 100-1=0 的服务理念； （5）培养学生养成诚信对客、诚信工作的基本道德。
酒店实用英语	（1）拓展国际视野、增强跨文化交际的意识与文化自信； （2）构建创新精神、合作精神和工匠精神，形成良好的服务意识与职业素养； （3）树立理想信念、提升家国情怀与使命担当。
酒店接待综合实践	（1）培养学生具备积极主动、关爱客人的服务理念； （2）培养学生具备保护客人隐私的意识； （3）培养学生具备 100-1=0 的服务理念； （4）培养学生养成诚信对客、诚信工作的基本道德； （5）培养学生树立文化自信； （6）培养学生跨文化服务意识与服务能力； （7）培养学生的工匠精神； （8）培养学生的标准意识和规范意识； （9）培养学生爱岗敬业的职业精神。

续表

课程名称	思政目标
咖啡品鉴与制作	（1）培养学生具有工匠精神、精益求精、吃苦耐劳的咖啡师精神； （2）培养学生养成良好的咖啡制作的职业素养； （3）培养学生咖啡品鉴、咖啡文化的认知与鉴赏能力； （4）培养学生的爱国意识，努力为中国咖啡（云南、海南、台湾）的崛起贡献自己的力量。
调酒与酒吧管理实务	（1）培养学生勇于挑战、持续创新的精神； （2）培养学生具有工匠精神、精益求精、吃苦耐劳的调酒师精神； （3）培养学生养成规范的调酒操作的职业素养； （4）培养学生养成诚实守信的职业道德。
管理基础与实务	（1）培养学生形成自我学习和自我发展的学习能力和较强的分析问题和解决问题的能力； （2）培养学生具备较强的团队协作能力、劳动精神和工匠精神； （3）培养学生强烈的法律意识； （4）培养学生具备开拓创新创业能力和科学决策能力； （5）培养学生树立理想信念、增强家国情怀与使命担当。
旅游新媒体	（1）培养学生实践动手操作能力； （2）培养学生树立科学的设计创新意识； （3）培养学生形成"以人为本"的设计观念； （4）培养学生的沟通能力和协作精神； （5）培养学生爱岗敬业的工作作风； （6）培养学生具有良好的职业道德和较强的工作责任心。
跨文化交际	（1）培养学生的国际视野和爱国情怀； （2）培养学生正确理解跨文化交际过程中的文化冲突，进行科学的思辨； （3）培养学生树立理想信念、增强家国情怀与使命担当。

由表3-2可以看出，高职酒店管理与数字化运营专业课程结合人才培养目标，设置了富有课程特色的思政目标。除了培养学生爱岗敬业、精益求精的服务意识，以及理想信念、增强家国情怀与使命担当外，还设立了发展性目标，强调酒店文化素养、探索精神和创新意识的等优秀情感意志的培养。

（二）课程思政设计

由表3-3可知，高职酒店管理与数字化运营专业教师思政内容选择主要依据是"教学目标"和"学生的身心发展特征"，其次为"教学大纲"；排在后面的依次是"学生兴趣爱好和需求""教师专业能力"和"教学计划"。

表 3-3 高职酒店管理与数字化运营专业教师思政内容选择依据

选项	排序	比例
教学目标	1	78.16%
学生的身心发展特征	1	78.16%
教学大纲	2	56.32%
学生兴趣爱好和需求	3	48.28%
教师专业能力	4	43.68%
教学计划	5	40.23%

（三）课程思政元素

1.教师层面

由表3-4可知，高职酒店管理与数字化运营专业教师认为最容易着手的思政元素是"职业道德"，其次为"中华优秀传统文化"；排在后面的依次是"爱国主义""社会主义核心价值观""理想信念""个人品德""民族精神""社会公德""政治理论""法治思维""法律权利"和"家庭美德"。

表 3-4 高职酒店管理与数字化运营专业教师认为最容易着手的思政元素

选项	排序	比例
职业道德	1	60.92%
中华优秀传统文化	2	51.72%
爱国主义	3	41.38%
社会主义核心价值观	4	29.89%
理想信念	5	26.44%
个人品德	6	21.84%
民族精神	7	16.09%
社会公德	8	14.94%
政治理论	9	11.49%
法治思维	10	10.34%
法律权利	11	8.05%
家庭美德	12	3.45%

由表3-5可知，高职酒店管理与数字化运营专业教师在专业课程教授过程中选择的

思政元素最多的是"职业道德",其次为"中华优秀传统文化";排在后面的依次是"爱国主义""社会主义核心价值观""个人品德""理想信念""民族精神""社会公德""法律权利""政治理论""法治思维"和"家庭美德",排列顺序与表3-4基本一致。

表3-5 高职酒店管理与数字化运营专业教师教学中选取的思政元素

选项	排序	比例
职业道德	1	71.26%
中华优秀传统文化	2	55.17%
爱国主义	3	50.57%
社会主义核心价值观	4	45.98%
个人品德	5	43.68%
理想信念	6	35.63%
民族精神	7	32.18%
社会公德	7	32.18%
法律权利	8	18.39%
政治理论	9	14.94%
法治思维	9	14.94%
家庭美德	10	11.49%

2. 学生层面

由表3-6可知,高职酒店管理与数字化运营专业学生希望在专业课程教授最多的思政元素是"爱国主义",其次为"中华优秀传统文化";排在后面的依次是"理想信念""社会主义核心价值观""政治理论""职业道德""法律权利""民族精神""社会公德""个人品德""法治思维"和"家庭美德"。

表3-6 高职酒店管理与数字化运营专业学生希望讲授的思政元素

选项	排序	比例
爱国主义	1	37.4%
中华优秀传统文化	2	35.04%
理想信念	3	31.5%
社会主义核心价值观	4	30.31%

续表

选项	排序	比例
政治理论	5	26.77%
职业道德	6	25.98%
法律权利	7	23.23%
民族精神	8	22.44%
社会公德	9	18.11%
个人品德	10	17.32%
法治思维	11	13.78%
家庭美德	12	11.42%

(四) 小结

通过调查高职酒店管理与数字化运营专业课程思政教学标准发现，在专业课程目标中制定了明确的课程思政目标。在课程设计方面，有机融入课程思政的元素。相比教师的选择，学生对"职业道德"和"个人品德"指标的排序相对较后，"中华优秀传统文化"和"爱国主义"指标均排在前面，"法治思维"和"家庭美德"指标均排在最后。说明教师选择的课程思政元素总体上符合学生的预期，但学生认为对"职业道德"和"个人品德"的培养相对教师的认知而言没有那么重要。这也反映了高职酒店管理与数字化运营专业学生对自身道德修养方面的要求没有教师的要求高。

三、高职酒店管理与数字化运营专业课程思政教学改革现状分析

(一) 教学方法

由图3-14可知，在对教师的问卷调查中，"您在专业课中融入课程思政元素时常用的教学方法有哪些？"超过50%老师使用的教学方法有："案例分析"76人，占87.36%；"榜样示范"54人，占62.07%；"问题讨论"48人，占55.17%；"讲解辨析"44人，占50.57%。"角色扮演、任务驱动、实地调研、创意设计、参与游戏、演讲辩论、分组竞赛"等方法使用的老师较少。

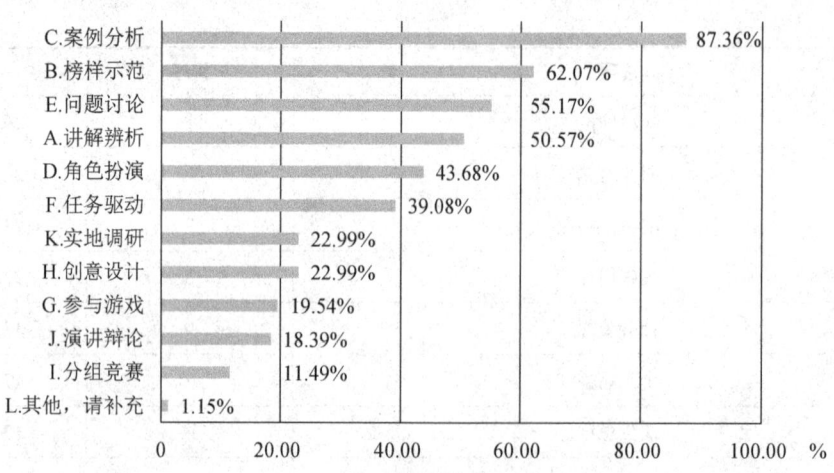

图3-14 课程思政元素常用的教学方法

通过访谈我们了解到，各位酒店管理专业老师采取的课程思政教学方法有：讲授法、行为示范法、案例教学、专题教学、情景模拟、问题导入、探究式教学等方法，落实立德树人，帮助学生树立社会主义核心价值观，在酒店专业课程学习中渗透敬业、诚信、友善的基本道德规范和行为准则。

教学方法：讲授法、行为示范法、案例讨论法。讲授法：比如讲解国内酒店品牌的崛起，在世界酒店品牌中的排名，树立大国自信。案例讨论法：比如国潮热营销案例——文化自信，大数据杀熟引导讨论数字时代道德意识。行为示范法：老师在工作中身体力行，引导学生端正学业态度等。同学们分享身边对思政元素的观察。

——ZP

酒店管理与数字化运营专业"课程思政"实施因课程而异，主要采取案例教学和专题教学。

——GHG

就是一些比较常见的方法，比如案例分析、情景模拟，类似这样的一些教学方式，对知识点进行归纳和提升。

——LJ

根据每单元的教学内容，结合当下时事政治，在课堂教学"导入新课"时采用，也就是"问题导入法"。

——RXM

结合所教课程，如咖啡品鉴与制作课程，会加入云南咖啡历史，引导学生了解中国咖啡。用探究式教学方法，结合讲故事，观看视频。

——WLL

由图 3-15 可知，在对学生的问卷调查中，"本专业老师是否常常运用形式多样、学生喜爱的教学方法，隐性融入思政元素，做到既教书又育人。"254 名学生中选择"比较常用"的有 135 名，占 53.15%；选择"经常运用"的有 40 名，占 15.75%；两者相加学生认为老师常用多样教学方法的比例为 68.9%，说明学生对老师使用形式多样教学方法，隐性融入思政元素的认可度较高。

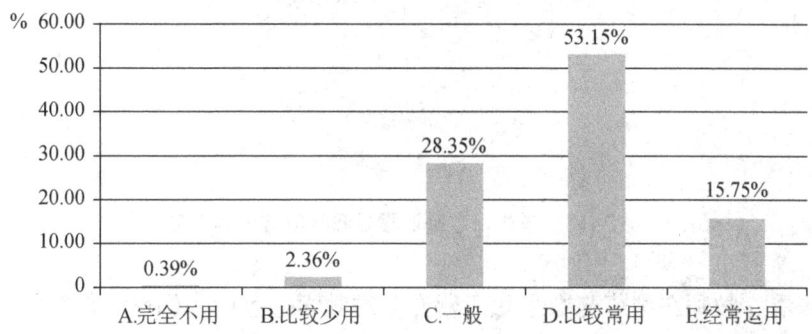

图 3-15　专业老师运用形式多样、学生喜爱的教学方法融入思政元素的程度

由图 3-16 可知，在对学生的问卷调查中，"本专业老师课程思政教学方法是否符合您的期望？"254 名学生中选择"符合"的有 158 名，占 62.20%；选择"非常符合"的有 35 名，占 13.78%；两者相加学生认为老师课程思政教学方法符合期望的比例为 75.98%，说明学生对老师课程思政教学方法的认可度较高。

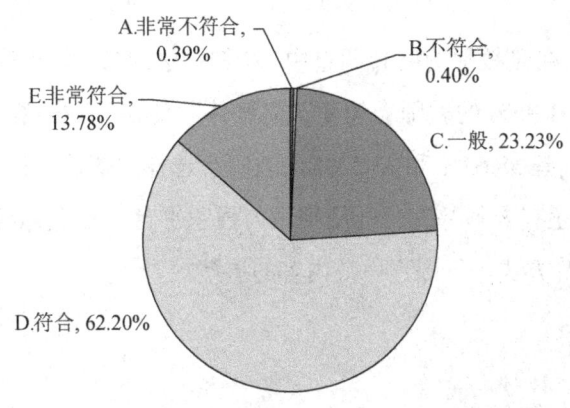

图 3-16　专业老师课程思政教学方法符合学生期望的程度

由图3-17可知，在对学生的问卷调查中，"您对本专业老师课程思政教学方法的满意程度是？"254名学生中选择"满意"的有153名，占60.24%；选择"非常满意"的有39名，占15.35%；两者相加学生对老师课程思政教学方法满意的比例为75.59%，说明学生对老师课程思政教学方法的满意度较高。

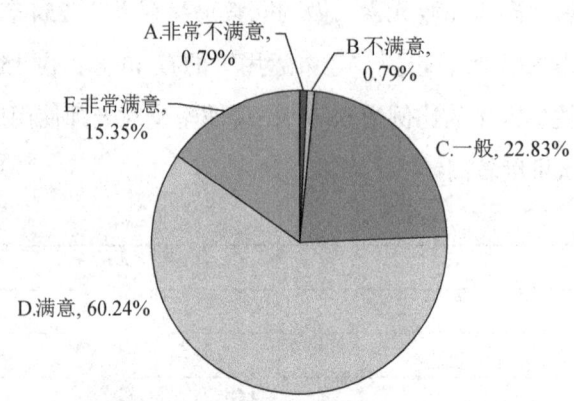

图3-17　学生对老师课程思政教学方法满意度

总体来看，教师在酒店与数字化运营专业的教学过程中，仍然以传统教学方法与手段为主，学生对老师教学方法多样性、期望值、满意度都比较认可，但仍有一定的提升空间。酒店与数字化运营课程思政是围绕全面提高人才培养能力的特点开展的，强调对学生的价值塑造，光靠传统的教学势必无法奏效，应配合开放探索的教学方法引导学生主动参与，不仅有利于学生掌握知识与提高技能，同时能潜移默化地坚定学生的理想信念。

（二）教学手段

由图3-18可知，在对教师的问卷调查中，"您在专业课中融入课程思政元素时常用的教学手段是？"有91.95%的教师会使用"多媒体"传递思政内容；有72.41%的教师会使用"网络平台"；有58.62%和33.33%的教师会选择"图片（挂图）"和"场地、器材"讲授思政内容。还有老师补充，会使用学习强国平台、行业标杆、实训及企业参观考察、企业典型讲座等方式进行课程思政内容的讲授。

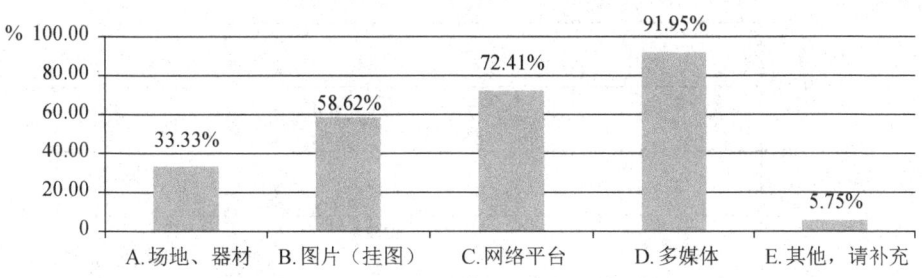

图 3-18　教师融入课程思政元素时常用的教学手段

由图 3-19 可知,在对学生的问卷调查中,"本专业老师是否常常利用现代信息技术手段,合理运用信息化教学手段增强课程思政育人成效?"254 名学生中选择"比较常用"的有 140 名,占 55.12%;选择"经常运用"的有 39 名,占 15.35%;两者相加学生对老师课程思政教学方法满意的比例为 70.47%,说明学生认为酒店专业老师常常利用现代信息技术手段增强课程思政育人成效。

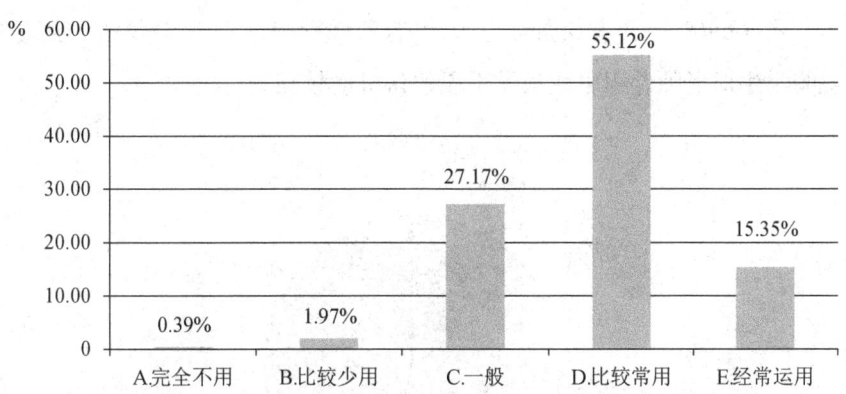

图 3-19　教师利用现代信息技术手段增强课程思政育人成效的程度

由图 3-20 可知,在对学生的问卷调查中,"本专业老师是否常常运用新方法、新载体,优化课程思政教学过程?"254 名学生中选择"比较常用"的有 141 名,占 55.51%;选择"经常运用"的有 41 名,占 16.14%;两者相加学生对老师课程思政教学方法满意的比例为 71.65%,说明学生认为酒店专业老师常运用新方法、新载体,优化课程思政教学过程。

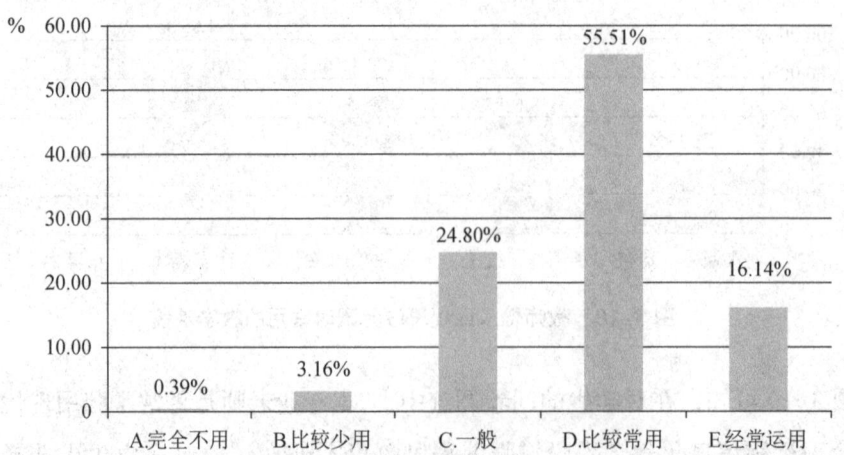

图 3-20 教师运用新方法、新载体的程度

由图 3-21 可知,在对学生的问卷调查中,"本专业老师课程思政的教学手段是否符合您的期望?"254 名学生中选择"符合"的有 153 名,占 60.24%;选择"非常符合"的有 38 名,占 14.96%;两者相加学生认为老师课程思政教学手段符合期望的比例为 75.2%,说明学生对老师课程思政教学手段的认可度较高。

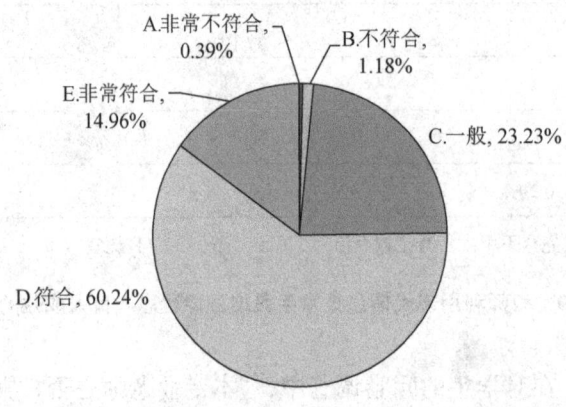

图 3-21 教师课程思政教学手段符合学生期望的程度

由图 3-22 可知,在对学生的问卷调查中,"您对本专业老师课程思政教学手段的满意程度是?"254 名学生中选择"满意"的有 155 名,占 61.02%;选择"非常满意"的有 37 名,占 14.57%;两者相加学生对老师课程思政教学方法满意的比例为 75.59%,说明学生对老师课程思政教学手段的满意度较高。

第三章 高职酒店管理与数字化运营专业课程思政建设现状分析

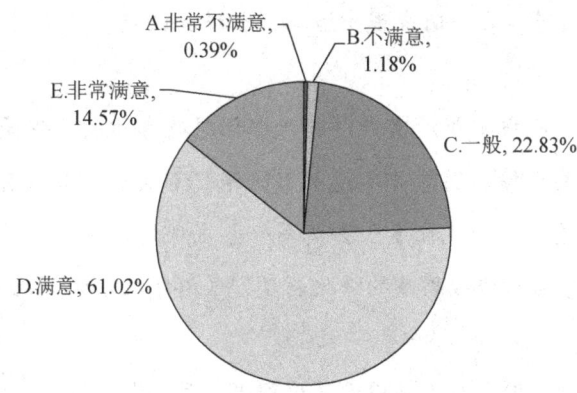

图 3-22 学生对教师课程思政教学手段满意度

总体来看，教师在酒店与数字化运营专业的教学过程中，仍然以网络平台和多媒体手段为主，学生对老师教学手段的信息化、多样化、期望值、满意度都比较认可，但仍有一定的提升空间。酒店与数字化运营专业课程思政是围绕全面提高人才培养能力的特点开展的，强调对学生的价值塑造，应该融合信息化、多样化的教学手段，潜移默化地引入思政元素。

（三）课程考核

对学生学习效果的考核是课程教学工作的重要组成部分。考核这一行为既是促进学生积极主动学习，评定学生学习效果的重要手段，又是检查教师教学质量的主要手段。不断完善学生学习考核体系，是高等教育教学改革一个必不可少的方面。

调查发现，酒店管理与数字化运营专业的思政课程考核的主要方法是自评和他评，通过在线测试、小组PK、课程调研、主题辩论等方法，在平时成绩当中有所体现，缺乏专门的评价考核体系，导致课程思政建设缺乏有效、标准的方法。因此，探索建立科学合理的旅游管理专业课程思政教学成效评价体系，对于推动课程思政建设的创新与发展、促进专业课程思政教学的标准化建设和教学效果的提高十分必要。

对于思政的考核来说，主要是量化考核的方式，通过自评和他评的方式对自己、对评价人员进行一个打分，还有生生互评和老师点评。通常采用独立思考能力、实践能力、民族自豪感等指标，会根据课程内容有所调整。

——LJ

对于显性的职业素养会采取识记知识点的考试方式；对于行为态度类的，则观察同学们上课态度、行为规范，在平时表现中适当增加增加权重。

——ZP

课程思政的实施过程当中是没有专门进行课程思政考核的，但是我们会在学生的教学评价当中去收集一些反馈。因为并不是所有的课程都实施，那么有一些课程在实施的时候，会利用教学反馈，比如说让学生去填写一些主观的评价，然后我们会去提取出来一些关键词，来评价学生对课程思政的吸收程度，了解学生对课程思政实施的反馈意见。

——CJ

没有课程思政考核，但会在教学中设置课程思政目标和内容。

——GHG

还没有具体的做法，学校思政研究中心正在研究出台相关管理制度。

——RXM

进行课程思政考核，主要通过课程思政目标渗透，实施"课前自主学""课中一起学""课后共成长"的三维循环教学环节来强调思政目标、突破教学难点，并实施在线测试、小组PK、课程调研、主题辩论等考核。

——ZY

思想政治教育效果通常都是"内化于心，外化于行"的，往往体现在学生的外在行为上，意味着育人效果的评估绝不是一份试卷能做到的，它的评价办法一定是多元的。我们需要将学生的认知、情感、价值观等内容纳入其中，体现评价的人文性、多元性。应该制定出更精细和系统的评价指标，充分及时地反映学生的成长成才情况，反映课程中知识传授与价值引领的结合程度，以科学评价增强教学效果。

（四）小结

总体来看，教师在酒店与数字化运营专业的教学过程中，仍然以传统教学方法与手段为主，学生对老师教学方法多样性、期望值、满意度都比较认可，但仍有一定的提升空间。教师在酒店与数字化运营专业的教学过程中，仍然以网络平台和多媒体手段为主，学生对老师教学手段的信息化、多样化、期望值、满意度都比较认可，但仍有一定的提升空间。课程思政考核的主要方法是自评和他评，通过在线测试、小组PK、课程调研、主题辩论等方法，在平时成绩当中有所体现，缺乏专门的评价考核体系，导致课程思政建设缺乏有效、标准的方法。

酒店与数字化运营课程思政实施过程中应围绕酒店管理专业人才培养特点，做好思政系统设计、优化课程标准、完善课程体系,使用多样化的教学方法和手段,构建有效的评价考核体系。

四、高职酒店管理与数字化运营专业课程思政评价现状分析

(一)高职酒店管理与数字化运营专业课程思政学生评价

1. 样本基本情况

(1)样本分布

项目组设计《酒店管理与数字化运营专业课程思政调查》学生问卷(见附件2)收集课程思政学生评价情况等数据。2022年3—5月通过问卷星向广东省内高职酒店管理与数字化运营专业学生发放问卷,共回收有效问卷254份,样本分布情况如表3-7所示。

表3-7 课程思政学生问卷样本分布情况

变量		次数	百分比(%)
性别	A. 男	27	10.6
	B. 女	227	89.4
	合计	254	100.0
年级	A. 大一	87	34.3
	B. 大二	148	58.3
	C. 大三	17	6.7
	D. 大四	2	0.8
	合计	254	100.0
政治面貌	A. 中共党员(含预备党员)、入党积极分子	69	27.2
	B. 其他	185	72.8
	合计	254	100.0

(2)学生对本专业所对应工作岗位的了解程度

图3-23显示,认为了解本专业所对应工作岗位的学生不到一半,有42.52%的学生了解程度为"一般",表明对本专业对应工作岗位的认识模棱两可。表示"比较了解"只占39.37%,而只有8.66%表示"非常了解"。

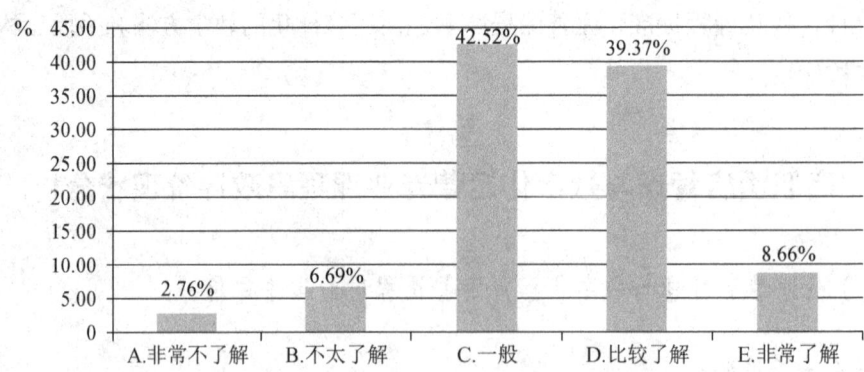

图3-23 学生对专业所对应工作岗位的了解程度

（3）学生使用手机的主要目的

图3-24显示学生使用手机最主要的目的是娱乐、社交、学习和创业，其中"学习"排在第三，有90.16%的学生选择，一定程度上表明当前线上线下混合学习的形式较为普遍，使得课程思政建设机遇与挑战并存。

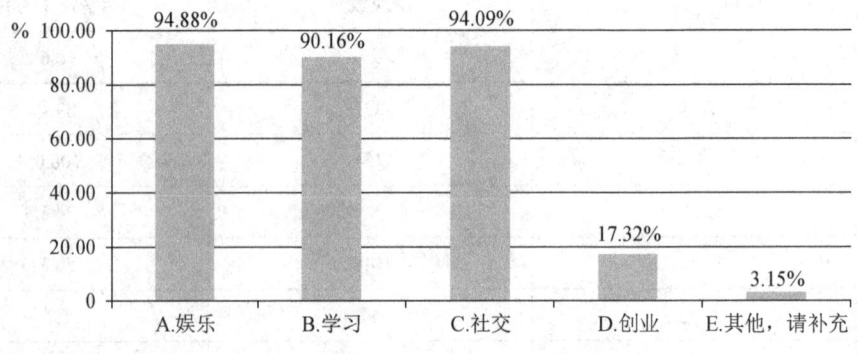

图3-24 学生使用手机的主要目的

（4）学生对专业课学习所持有的态度

图3-25显示，大部分学生认为学习专业课"要为就业打下基础"，比例占46.46%；有32.68%的学生认为"上课不错，能学到各种知识"；17.72%的学生认为学习专业课要"尽量不挂科"。以上结果表明所调查的酒店管理与数字化运营学生学习专业课有着良好的动机，也有不少的收获，也较为注重学习结果，只有很少部分（2.76%）对学习不太重视，认为"学得好坏都没关系"。

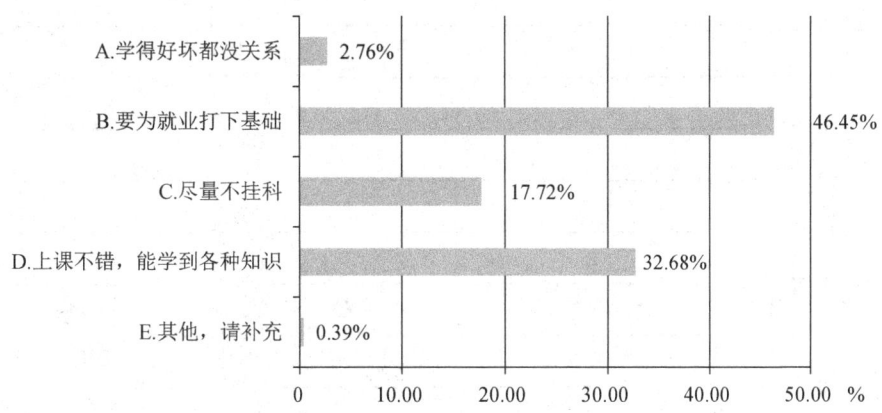

图 3-25 学生对专业课学习所持有的态度

（5）学生在校期间状态

图 3-26 显示，55.12% 的学生能够"按部就班，按照学校安排学习和生活"，更有 40.55% 的学生能够"积极向上，有自己的小梦想并为之努力"，只有 3.54% 的学生是"得过且过，没有目标"。分析表明，所调查的酒店管理与数字化运营学生的学习状态良好。

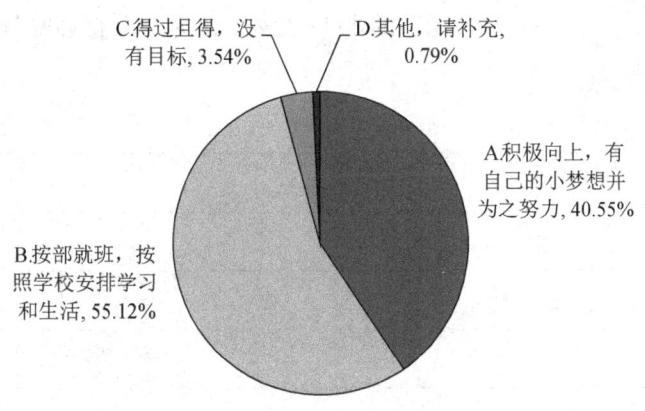

图 3-26 学生在校期间状态

2. 对课程思政的态度

学生对课程思政的态度直接影响课程思政的效果。图 3-27 显示，在 254 份的总样本中，有 71.26% 的学生表示可以接受专业课教师讲授思政知识，而明确表示喜欢的学生比例达到 21.65%。选择"反感"及"非常反感"的学生比例非常小。

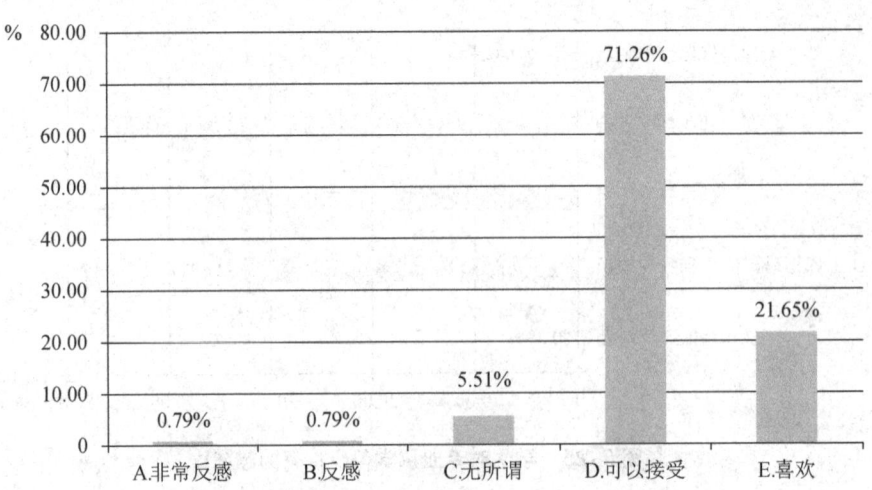

图 3-27　对专业课教师讲授思政知识的态度

图 3-28 显示，当问及"您觉得专业课教师在讲授专业知识的时候是否有必要融入思想政治教育方面的内容，例如：大国工匠事迹、行业发展、社会主义核心价值观、心理健康、爱国主义情怀等内容"时，认为"有必要"和"非常必要"的学生比例分别占 59.84% 和 22.44%，认为"可有可无"的占 11.82%，认为"没有必要"和"非常没有必要"只占非常小的比例。

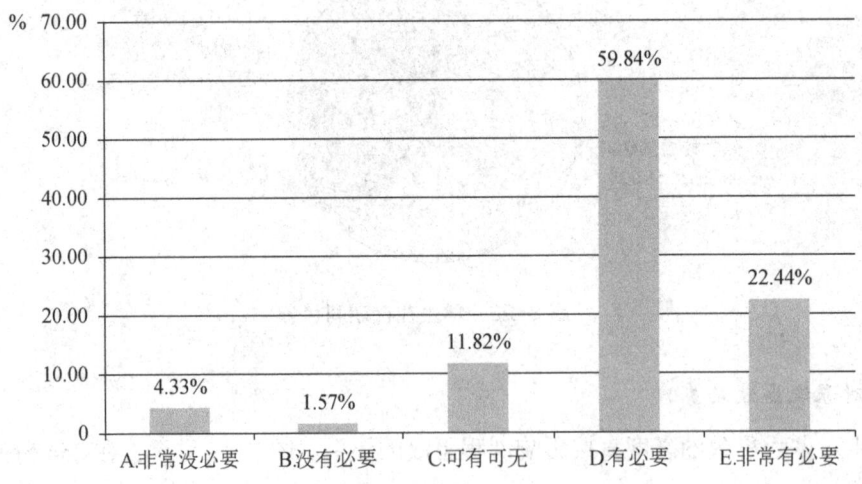

图 3-28　在讲授专业知识的时候融入思想政治教育内容的必要性

3. 课程思政作用评价

课程思政对课程思政建设可持续发展起到重要影响。图 3-29 显示，有 67.32% 的学生"认同"专业课程思政的实施对他们有正向的激励作用,表达"非常认同"的占 16.54%。认为"一般"的占 14.17%,只有很少比例的学生表达不认同。

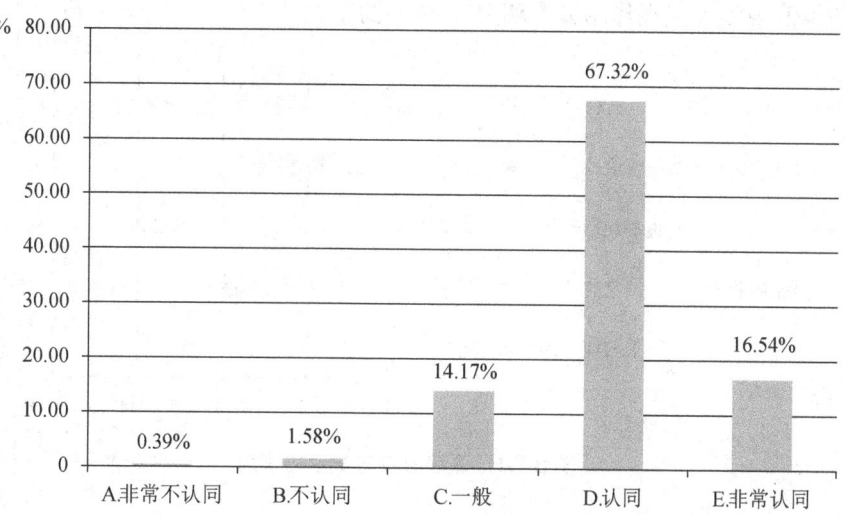

图 3-29　学生对专业课程思政的实施有激励作用的认同程度

课程思政的一大作用是提升学生的专业认识。当问及"专业课的学习有助于让您了解本专业在我国所占的地位或对国家做出的贡献,您是否认同"时,有 63.78% 的学生表示"认同",而表达"非常认同"的学生占 18.50%;另有 16.54% 的学生认为"一般"(见图 3-30)。

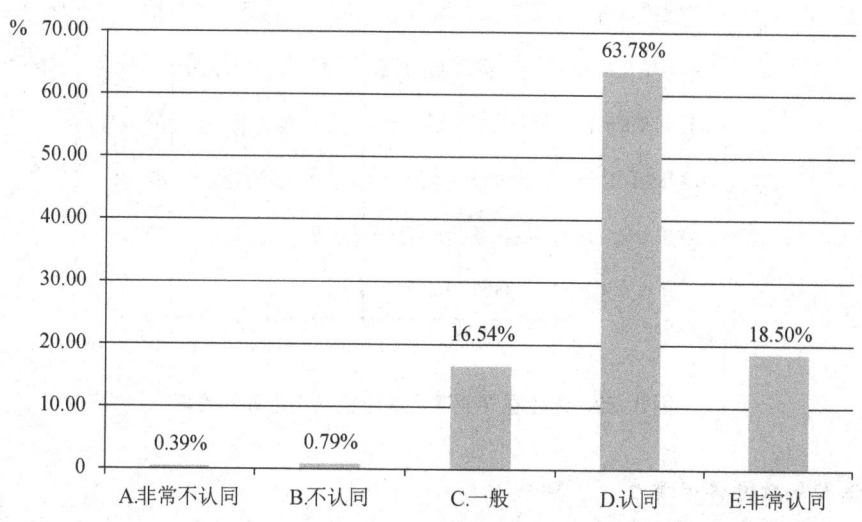

图 3-30　对课程思政提升专业认识的认同程度

除了提升专业认识，课程思政在传播正能量，帮助学生树立正确的价值观和人生观，提高政治素养，培养求真、严谨的科学态度等方面都起到积极的作用，其中帮助学生树立正确的价值观和人生观作用最为明显（图3-31）。

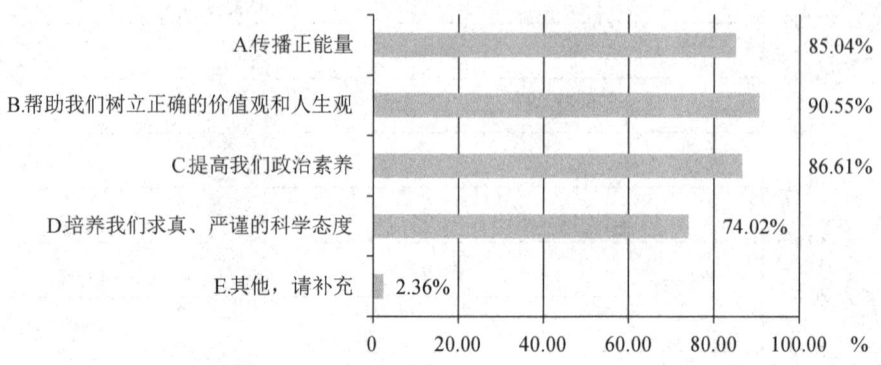

图3-31　课程思政对学生的作用

通过在专业课中融入思政内容，可以让学生在学习专业知识之余，收获更多。当问及"除专业知识的学习外，您在专业课上还得到了哪些收获"时，图3-32显示，有86.61%的学生认为"学会理性地、批判地看待问题"，78.74%认为"学会做人"，72.83%认为"增强文化自信"，72.44%认为"增强爱国情怀"，67.32%认为"坚定政治信仰"。

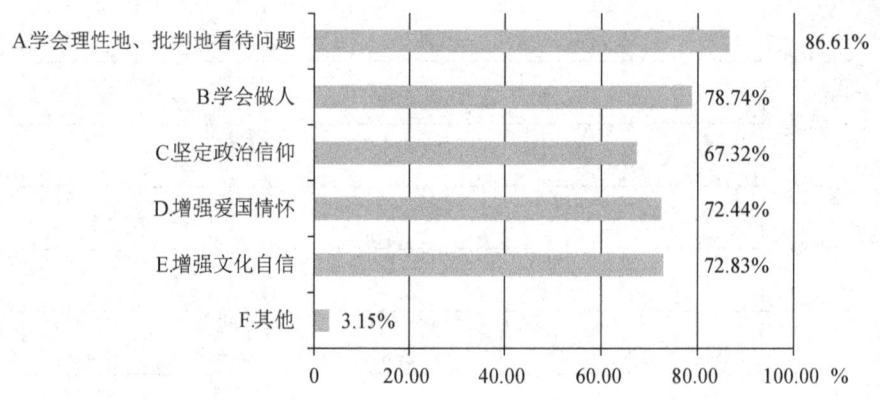

图3-32　学生在专业课上除专业知识之外的收获

4. 课程思政总体满意度

图3-33显示，课程思政实施效果总体上符合学生期望的程度较高，其中回答"符合"和"非常符合"的比例分别占60.23%和14.57%。另有24.02%认为"一般"。

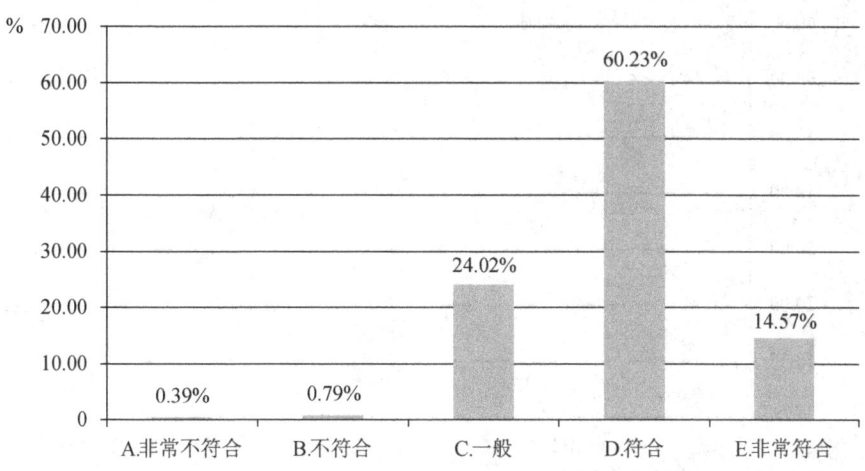

图 3-33 课程思政实施效果符合学生期望的程度

当问及"您对本专业课程思政实施的总体满意程度"时,图 3-34 显示,有 60.63% 的比例表示"满意",更有 15.35% 的学生表示"非常满意"。另有 22.05% 的学生表示"一般",有极小部分的满意度水平较低。

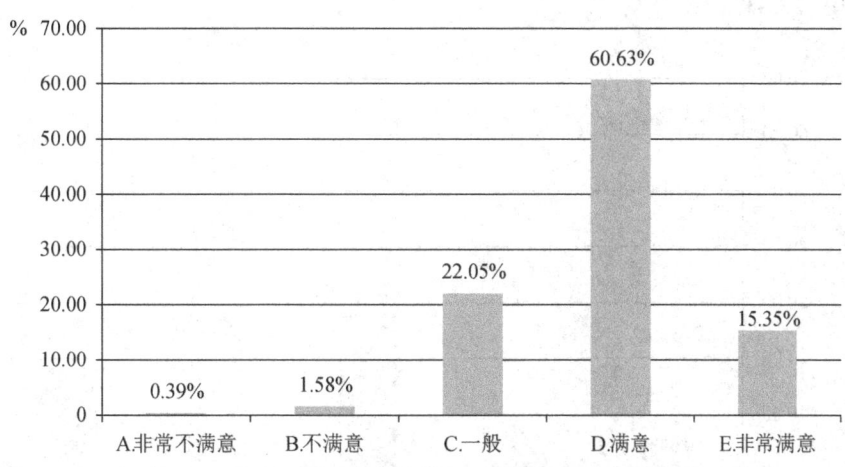

图 3-34 学生对本专业课程思政实施的总体满意度

5. 课程思政教师能力的评价

(1) 对专业教师挖掘思政内容能力的评价

当问及"专业教师是否能够结合课程特点,科学合理地挖掘思政内容?"时,图 3-35 显示,有 61.81% 的学生认为"比较能",认为"完全能够"的占 13.78%,认为"一般"的占 22.05%,只有很小比例认为不能。

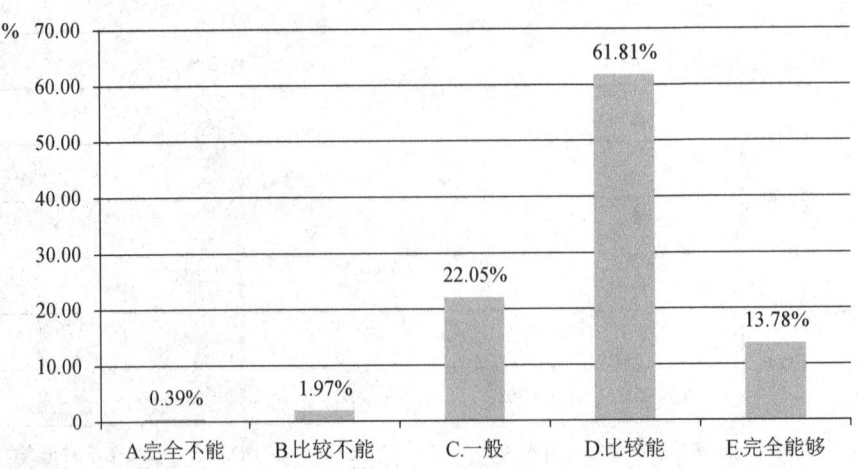

图3-35 学生认为专业教师能够科学合理地挖掘思政内容的程度

（2）对专业教师将教学内容与思政元素有机结合能力的评价

对于本专业老师是否能够将教学内容与课程思政元素有机结合的问题，图3-36显示，认为"比较能"和"完全能够"的学生比例分别占60.24%和14.96%。认为这种能力一般的占22.83%。

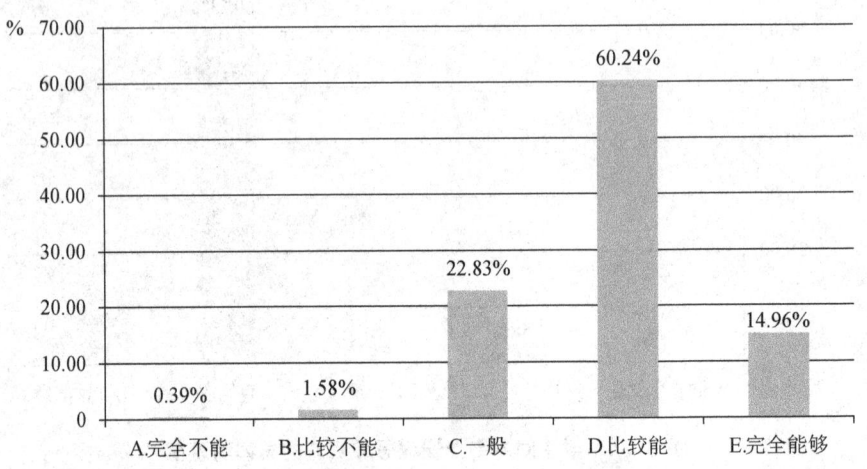

图3-36 学生认为专业教师能够将教学内容与课程思政元素有机结合的程度

6.课程思政内容的评价

（1）对课程思政内容有利于专业课学习的评价

关于是否认同专业课教师所讲授的思政内容对您学习该专业课有帮助，图3-37显示，有较高比例的学生表示了积极的态度，"认同"和"非常认同"的比例分别占

67.72%和15.35%，认为"一般"的占13.78%，"不认同"和"非常不认同"的分别占1.97%和1.18%。

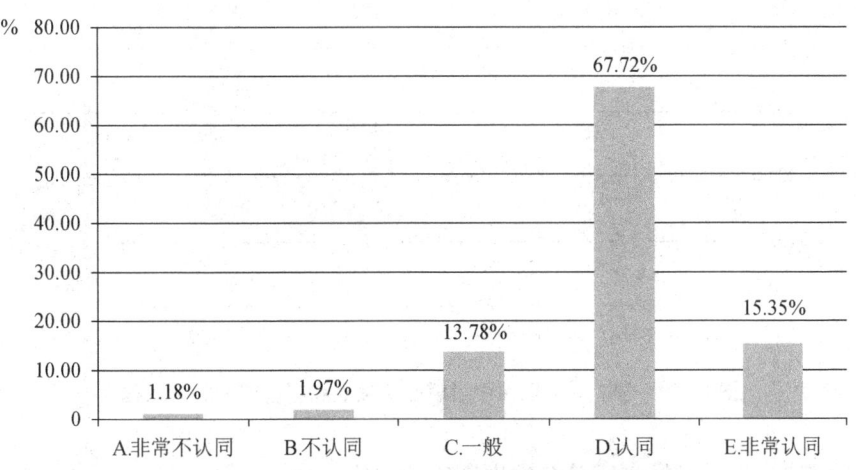

图 3-37　学生对思政内容对学习专业课有帮助的认同程度

（2）对专业课中讲解社会热点和科技前沿内容的评价

社会热点和科技前沿是课程思政的重要内容之一。调查显示，学生对在专业课中讲解社会热点和科技前沿的期望程度和满意度均处于较理想的水平，并且期望度和满意度基本处于一致水平。图 3-38 显示，表示"期望"的占 54.33%，"非常期望"的占 18.50%。图 3-39 显示，表示"满意"的占 57.09%，"非常满意"达 14.57%，只有极少数满意度水平较低。

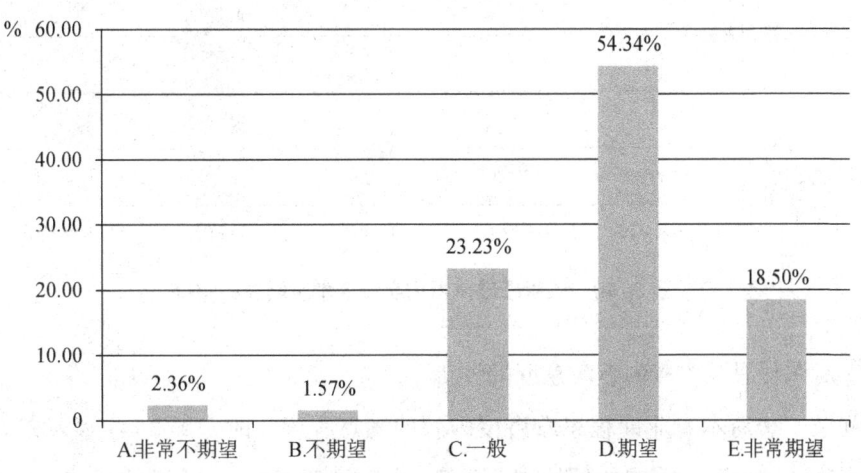

图 3-38　学生对在专业课中讲解社会热点和科技前沿的期望程度

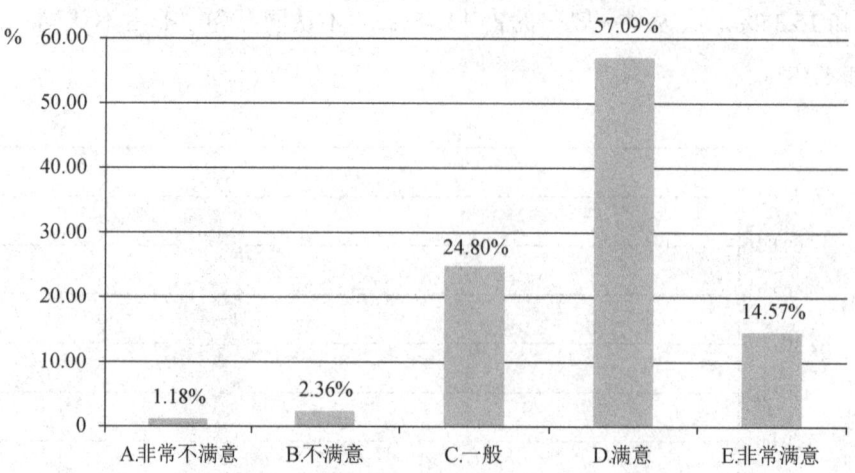

图 3-39　学生对专业课中讲解社会热点和科技前沿的满意程度

（3）对课程思政讲授内容符合学生期望的评价

当问及"本专业课程思政的讲授内容是否符合您的期望"时，有 57.87% 回答"比较符合"，回答"非常符合"的占 14.96%，另有 24.41% 回答"一般"，没达到预期的占极少数（图 3-40）。

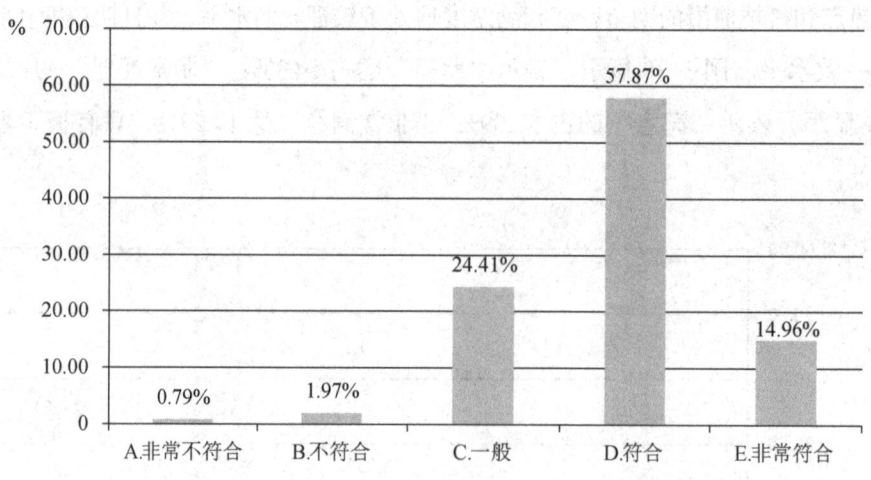

图 3-40　课程思政讲授内容符合学生期望的程度

（4）对课程思政讲授内容满意度的评价

当问及"您对本专业课程思政讲授内容的满意程度"时，图 3-41 显示，有 61.42% 的学生回答"满意"，14.57% 回答"非常满意"，满意程度"一般"的占 23.23%。

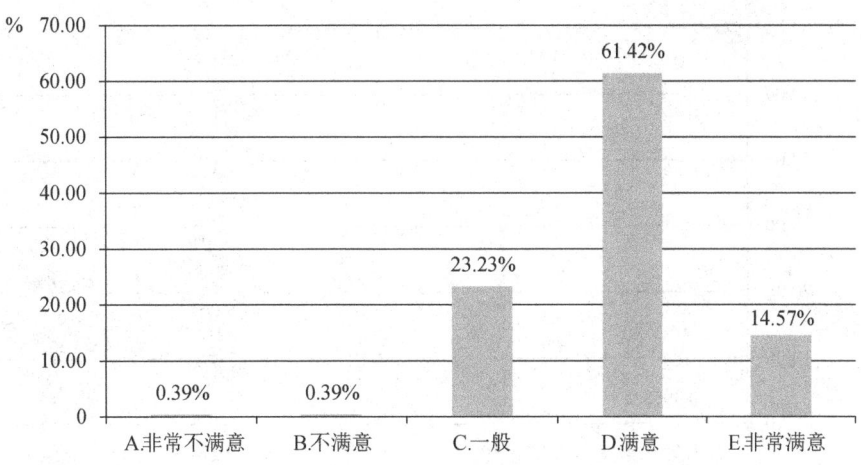

图 3-41　学生对课程思政讲授内容的满意程度

7. 课程思政方法评价

当问及"本专业老师是否常常运用形式多样、学生喜爱的教学方法，隐性融入思政元素，做到既教书又育人"时，图 3-42 显示，有 53.15% 的学生认为"比较常用"，15.75% 的学生认为"经常运用"，认为"一般"的占 28.35%，极少部分认为"比较少用"或"完全不用"。

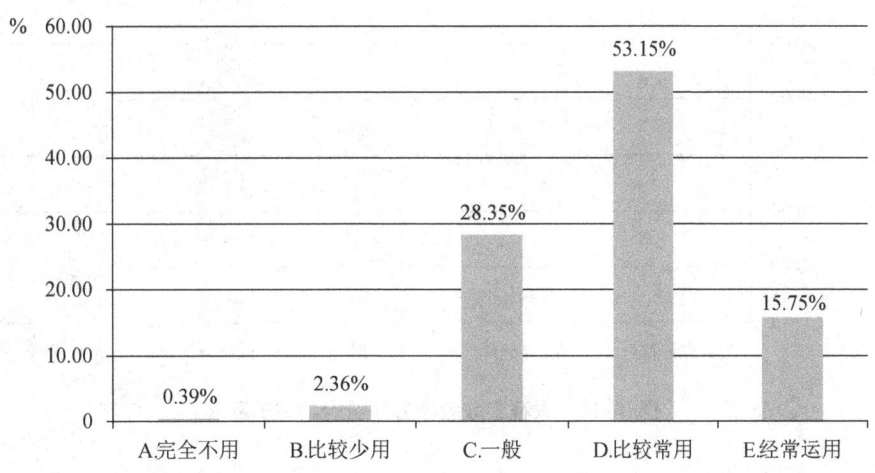

图 3-42　学生认为教师运用教学方法隐性融入思政元素的程度

当问及"本专业老师是否常常运用新方法、新载体，优化课程思政教学过程"时，图 3-43 显示，有 55.51% 的学生认为比较常用，16.14% 认为"经常运用"，另有 24.80% 认为"一般"，3.16% 认为"比较少用"。

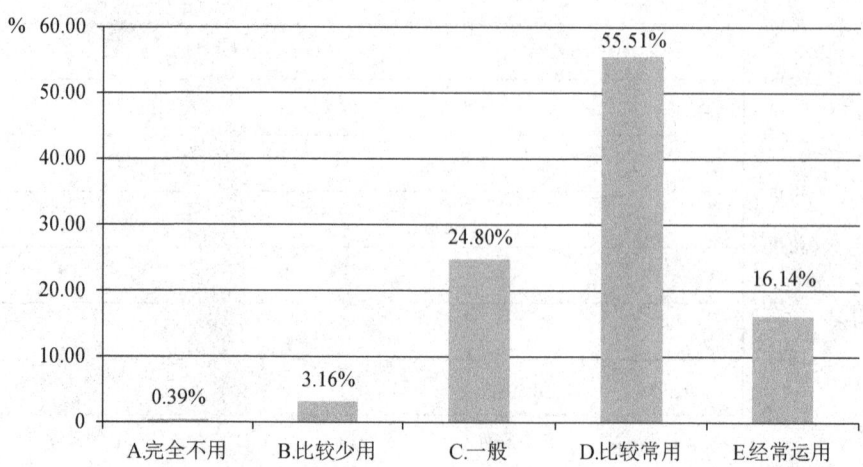

图 3-43 学生认为教师运用新方法、新载体优化课程思政教学过程的程度

总体上看,学生对专业教师课程思政教学方法符合期望的程度和满意度处于理想的水平,但仍有待提升。图 3-44 显示,有 62.20% 的学生认为教学方法"符合"预期,认为"非常符合"的占 13.78%,认为"一般"的占 23.24%。

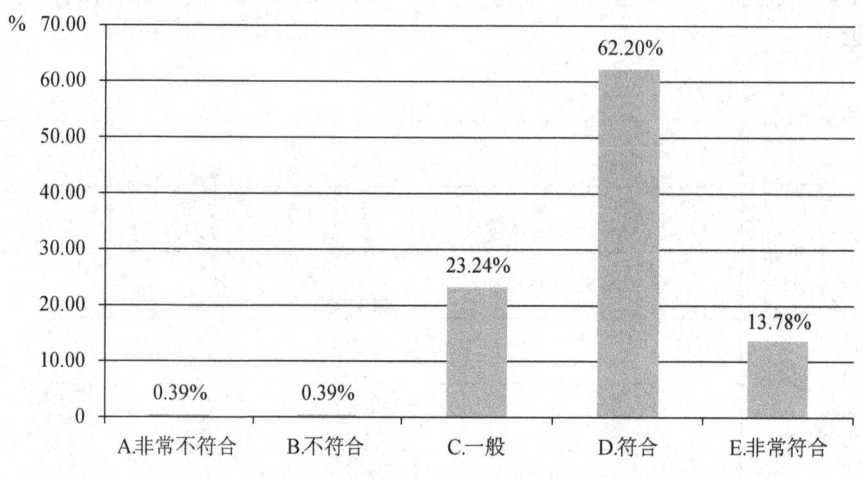

图 3-44 课程思政教学方法符合期望的程度

图 3-45 显示,60.24% 的学生对课程思政教学方法表示"满意",15.35% 表示"非常满意",认为"一般"的占 22.83%,另有很少部分满意水平较低。

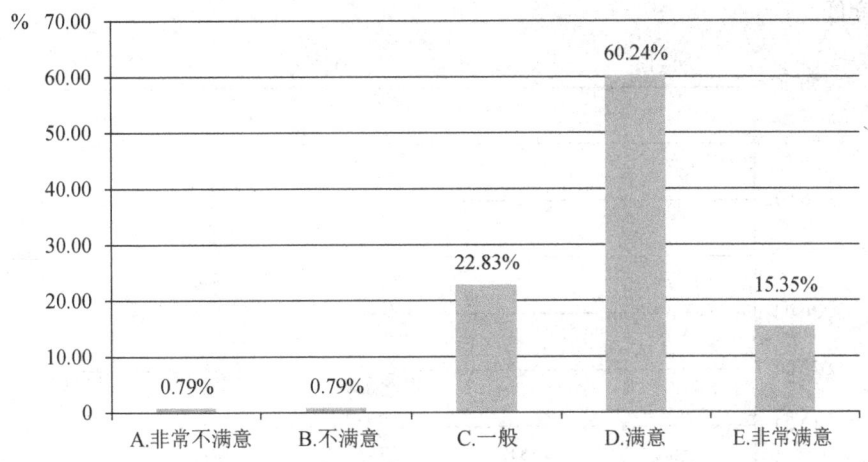

图 3-45　学生对课程思政教学方法的满意程度

8. 课程思政手段评价

当问及"本专业老师是否常常利用现代信息技术手段，合理运用信息化教学手段增强课程思政育人成效"时，图 3-46 显示，有 55.12% 学生表示"比较常用"，15.35% 认为"经常运用"，认为"一般"的占 27.17%，认为"比较少用"和"完全不用"的占很小比例。

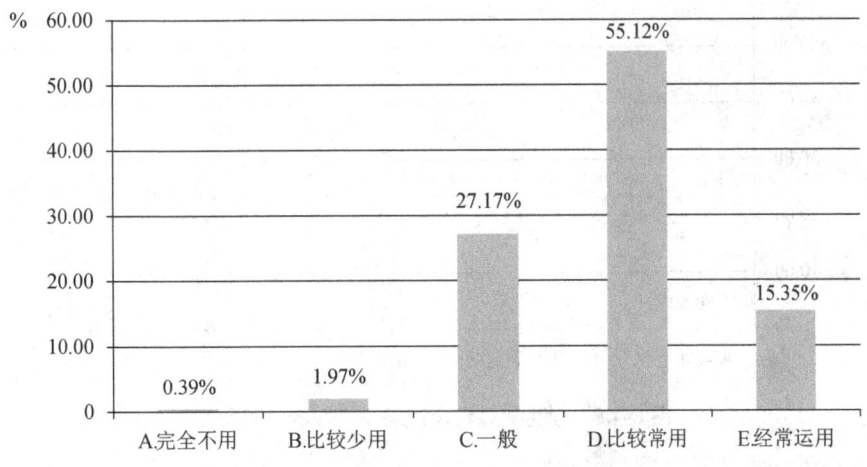

图 3-46　学生认为教师利用信息技术手段的程度

总体上看，学生对本专业老师课程思政的教学手段符合期望的程度和满意程度处于较为理想水平，但仍有待提升。图 3-47 显示，有 60.24% 的学生认为教学手段"符合"预期，有 14.96% 认为"非常符合"，认为"一般"的占 23.23%，极少部分认为与期望符合程度低。

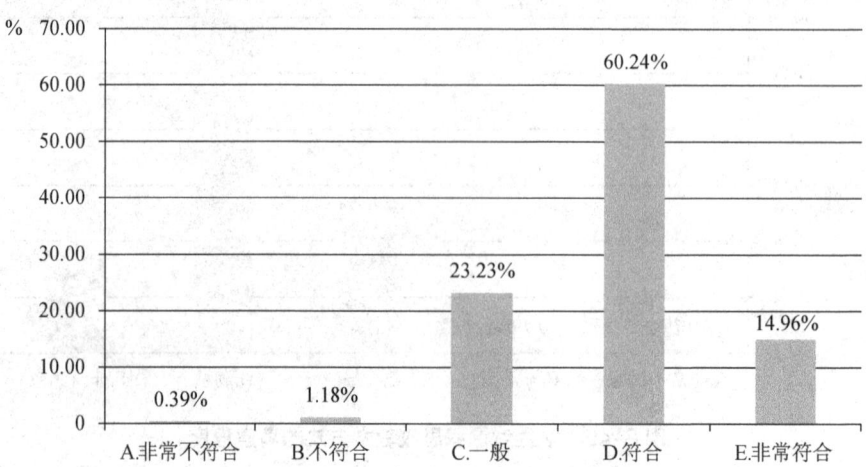

图 3-47　学生认为课程思政教学手段符合期望的程度

图 3-48 显示，61.02% 学生对教师课程思政教学手段表示"满意"，14.57% 表示"非常满意"，满意度"一般"的占 22.83%，满意度水平低的占非常低的比例。

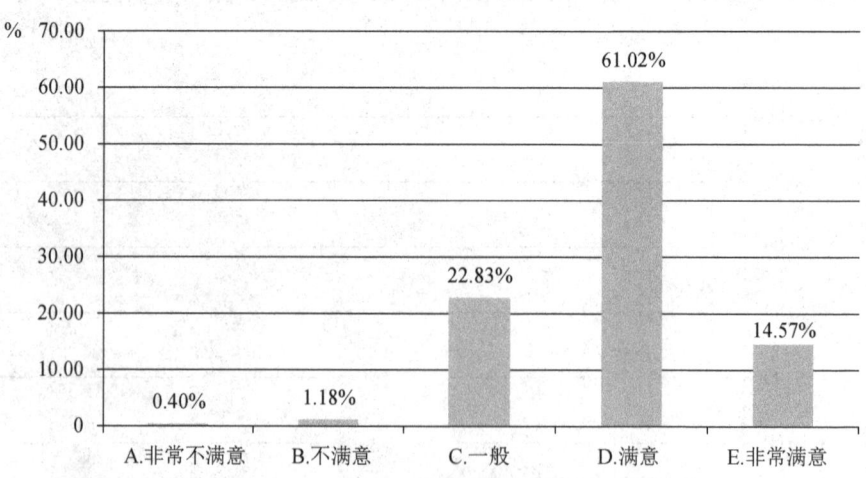

图 3-48　学生对课程思政教学手段的满意程度

9. 样本评价差异化分析

运用 SPSS 统计分析软件分析不同性别、不同年级和不同政治面貌的学生在课程思政评价方面存在的差异，其中由于性别变量中，男性学生样本量过低，故不对性别变量导致的差异进行分析。在年级变量中，大三和大四的样本量不足，故只分析大一和大二学生的差异。

（1）按年级分组分析结果

将年级作为分组变量进行独立样本 T 检验，表 3-8 的结果显示：大一学生各检验变量的平均数得分均较大二学生高（偶尔持平），因此，总体上看，大一学生对课程思政的态度和评价较大二学生积极。然而，显著性检验结果显示，学生在"对专业课教师讲授思政知识，您的态度是"问题上的差异具有显著性（P=0.05），在其他问题上的差异皆不显著（见表 3-10）。

表 3-8　独立样本 T 检验 – 年级分组

	您所在的年级：	N	平均数	标准偏差	标准错误平均值
对专业课教师讲授思政知识，您的态度是：	A. 大一	87	4.24	.590	.063
	B. 大二	148	4.07	.591	.049
专业课的学习有助于让您了解本专业在我国所占的地位或对国家做出的贡献，您是否认同：	A. 大一	87	4.07	.678	.073
	B. 大二	148	3.96	.638	.052
专业课教师所讲授的思政内容对您学习该专业课有帮助，您是否认同：	A. 大一	87	4.01	.707	.076
	B. 大二	148	3.91	.673	.055
专业课程思政的实施对您有正向的激励作用，您是否认同：	A. 大一	87	4.03	.690	.074
	B. 大二	148	3.96	.593	.049
本专业老师是否能够结合课程特点，科学合理地挖掘思政内容：	A. 大一	87	3.93	.712	.076
	B. 大二	148	3.84	.650	.053
本专业老师是否能够将教学内容与课程思政元素有机结合：	A. 大一	87	3.89	.722	.077
	B. 大二	148	3.89	.655	.054
本专业老师是否常常运用形式多样、学生喜爱的教学方法，隐性融入思政元素，做到既教书又育人：	A. 大一	87	3.86	.809	.087
	B. 大二	148	3.80	.699	.057
本专业老师是否常常利用现代信息技术手段，合理运用信息化教学手段增强课程思政育人成效：	A. 大一	87	3.93	.744	.080
	B. 大二	148	3.78	.705	.058

续表

	您所在的年级：	N	平均数	标准偏差	标准错误平均值
本专业老师是否常常运用新方法、新载体，优化课程思政教学过程：	A. 大一	87	3.89	.813	.087
	B. 大二	148	3.82	.707	.058
本专业课程思政的讲授内容是否符合您的期望：	A. 大一	87	3.94	.768	.082
	B. 大二	148	3.80	.699	.057
您对本专业课程思政讲授内容的满意程度是：	A. 大一	87	3.95	.730	.078
	B. 大二	148	3.86	.613	.050
本专业老师课程思政教学方法是否符合您的期望：	A. 大一	87	3.93	.695	.075
	B. 大二	148	3.86	.624	.051
您对本专业老师课程思政教学方法的满意程度是：	A. 大一	87	3.95	.714	.077
	B. 大二	148	3.86	.677	.056
本专业老师课程思政的教学手段是否符合您的期望：	A. 大一	87	3.97	.706	.076
	B. 大二	148	3.85	.653	.054
您对本专业老师课程思政教学手段的满意程度是：	A. 大一	87	3.93	.712	.076
	B. 大二	148	3.87	.642	.053
本专业课程思政实施效果总体上是否符合您的期望？	A. 大一	87	3.93	.712	.076
	B. 大二	148	3.86	.639	.053

（2）按政治面貌分组分析结果

将政治面貌作为分组变量进行独立样本T检验，表3-9的结果显示：中共党员（含预备党员、入党积极分子）对各检验变量的平均数得分均高于其他人员，显示中共党员（含预备党员、入党积极分子）对课程思政的评价更为积极。显著性检验结果显示（见表3-11），两者在"专业课的学习有助于让您了解本专业在我国所占的地位或对国家做出的贡献""专业课教师所讲授的思政内容对您学习该专业课有帮助""专业课程思政的实施对您有正向的激励作用"三个问题的认同度存在显著差异，表明中共党员（含预备党员、入党积极分子）更认同课程思政有助于了解本专业在我国所占的地位或对国际做出的贡献，更认同专业课教师所讲授的思政内容对学习专业课更有帮助，更认同课程思政的正向激励作用。

表 3-9 独立样本 T 检验 – 政治面貌分组

	您的政治面貌是：	N	平均数	标准偏差	标准错误平均值
对专业课教师讲授思政知识，您的态度是：	A. 中共党员（含预备党员）、入党积极分子	69	4.19	.692	.083
	B. 其他	185	4.10	.563	.041
专业课的学习有助于让您了解本专业在我国所占的地位或对国家做出的贡献，您是否认同：	A. 中共党员（含预备党员）、入党积极分子	69	4.17	.593	.071
	B. 其他	185	3.92	.655	.048
专业课教师所讲授的思政内容对您学习该专业课有帮助，您是否认同：	A. 中共党员（含预备党员）、入党积极分子	69	4.14	.670	.081
	B. 其他	185	3.86	.682	.050
专业课程思政的实施对您有正向的激励作用，您是否认同：	A. 中共党员（含预备党员）、入党积极分子	69	4.13	.662	.080
	B. 其他	185	3.92	.621	.046
本专业老师是否能够结合课程特点，科学合理地挖掘思政内容：	A. 中共党员（含预备党员）、入党积极分子	69	4.00	.707	.085
	B. 其他	185	3.82	.658	.048
本专业老师是否能够将教学内容与课程思政元素有机结合：	A. 中共党员（含预备党员）、入党积极分子	69	4.01	.717	.086
	B. 其他	185	3.83	.661	.049
本专业老师是否常常运用形式多样、学生喜爱的教学方法，隐性融入思政元素，做到既教书又育人：	A. 中共党员（含预备党员）、入党积极分子	69	3.94	.745	.090
	B. 其他	185	3.77	.726	.053
本专业老师是否常常利用现代信息技术手段，合理运用信息化教学手段增强课程思政育人成效：	A. 中共党员（含预备党员）、入党积极分子	69	3.88	.738	.089
	B. 其他	185	3.81	.709	.052
本专业老师是否常常运用新方法、新载体，优化课程思政教学过程：	A. 中共党员（含预备党员）、入党积极分子	69	3.97	.727	.088
	B. 其他	185	3.79	.740	.054

续表

	您的政治面貌是：	N	平均数	标准偏差	标准错误平均值
本专业课程思政的讲授内容是否符合您的期望：	A. 中共党员（含预备党员）、入党积极分子	69	3.96	.812	.098
	B. 其他	185	3.80	.682	.050
您对本专业课程思政讲授内容的满意程度是：	A. 中共党员（含预备党员）、入党积极分子	69	3.99	.696	.084
	B. 其他	185	3.86	.627	.046
本专业老师课程思政教学方法是否符合您的期望：	A. 中共党员（含预备党员）、入党积极分子	69	3.96	.674	.081
	B. 其他	185	3.86	.627	.046
您对本专业老师课程思政教学方法的满意程度是：	A. 中共党员（含预备党员）、入党积极分子	69	3.94	.784	.094
	B. 其他	185	3.86	.650	.048
本专业老师课程思政的教学手段是否符合您的期望：	A. 中共党员（含预备党员）、入党积极分子	69	3.97	.727	.088
	B. 其他	185	3.85	.650	.048
您对本专业老师课程思政教学手段的满意程度是：	A. 中共党员（含预备党员）、入党积极分子	69	3.97	.707	.085
	B. 其他	185	3.85	.650	.048
本专业课程思政实施效果总体上是否符合您的期望？	A. 中共党员（含预备党员）、入党积极分子	69	3.97	.707	.085
	B. 其他	185	3.84	.645	.047

（二）高职酒店管理与数字化运营专业课程思政教师评价

1. 对课程思政的总体评价

当问及"您对本专业课程思政现状的总体评价"时，图3-49显示，有41.38%的教师回答"比较好"，3.45%的教师回答"非常好"，而回答"一般"的比例高达47.12%，另有8.05%认为"比较不好"。

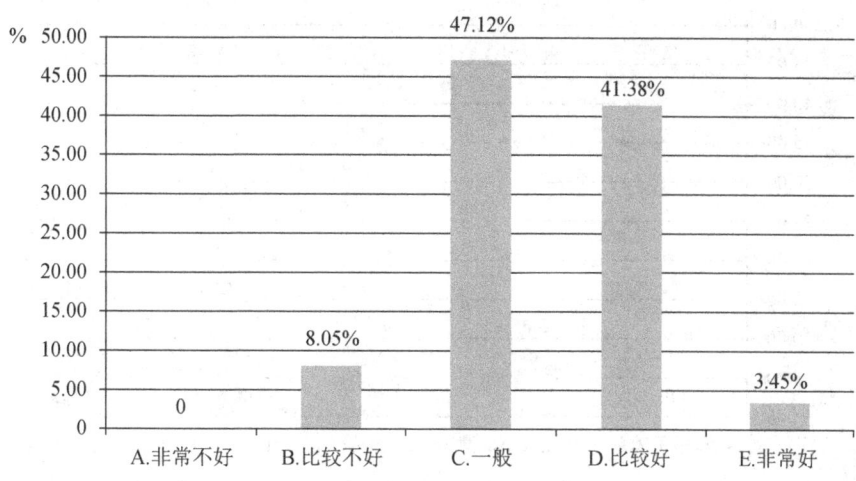

图 3-49 教师对课程思政现状总体评价

2. 对课程思政内容安排的满意度评价

当问及"您对本专业思政教学内容的安排是否满意"时，图 3-50 显示，有 45.97% 的教师回答"比较满意"，只有 3.45% 回答"非常满意"，而回答"一般"的比例高达 41.38%，另有 9.20% 回答"比较不满意"。

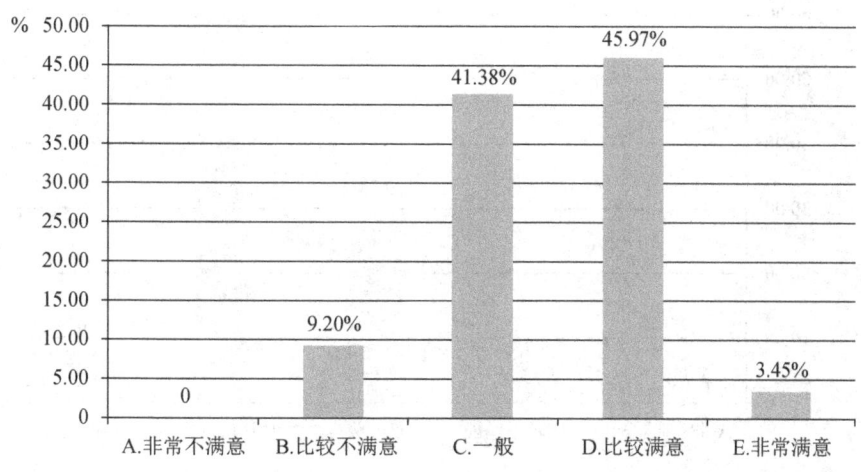

图 3-50 教师对课程思政内容安排的满意度

3. 思政教学开展形式的满意度评价

当问及"您对本专业思政教学开展的形式是否满意"时，图 3-51 显示，有 42.52% 的教师回答"比较满意"，认为"非常满意"的只占 5.75%，而回答"一般"的比例高达 43.68%，仍有 8.05% 表示"比较不满意"。

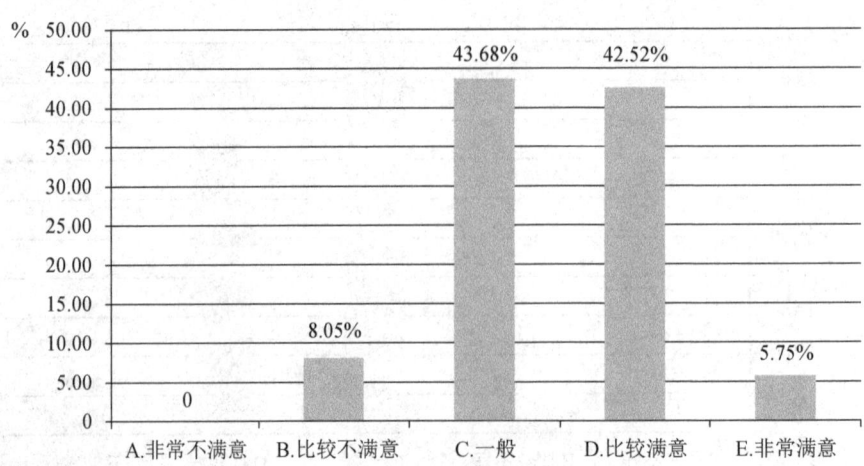

图 3-51　对思政教学开展形式的满意度

4. 课程思政目标与教学大纲匹配度评价

当问及"您认为本专业课程思政目标与教学大纲是否匹配"时，图 3-52 显示有 56.32% 的教师回答"比较匹配"，只有 8.05% 认为"非常匹配"，而认为"一般"的占 29.88%，另有 5.75% 认为"比较不匹配"。

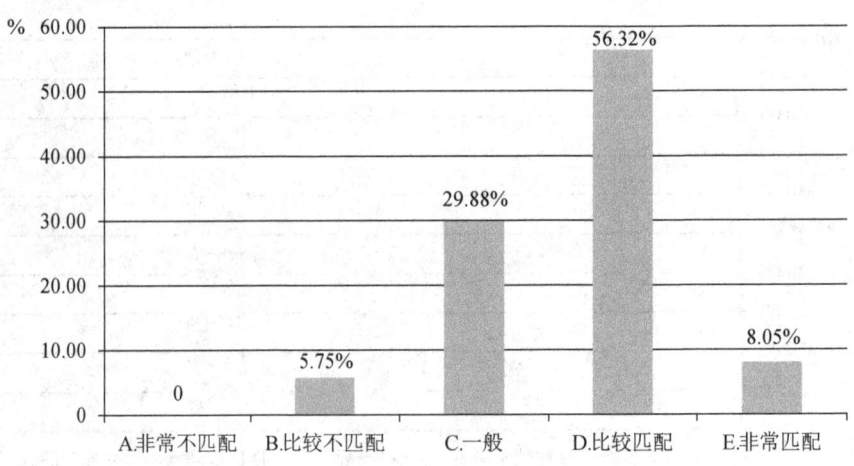

图 3-52　课程思政目标与教学大纲匹配程度

5. 课程思政目标与课程目标匹配度评价

当问及"您认为本专业课程思政目标与课程目标是否匹配"时，图 3-53 显示，有 60.91% 的教师回答"比较匹配"，只有 9.20% 认为"非常匹配"，而有 28.74% 认为"一般"，非常小比例的教师（1.15%）觉得"比较不匹配"。

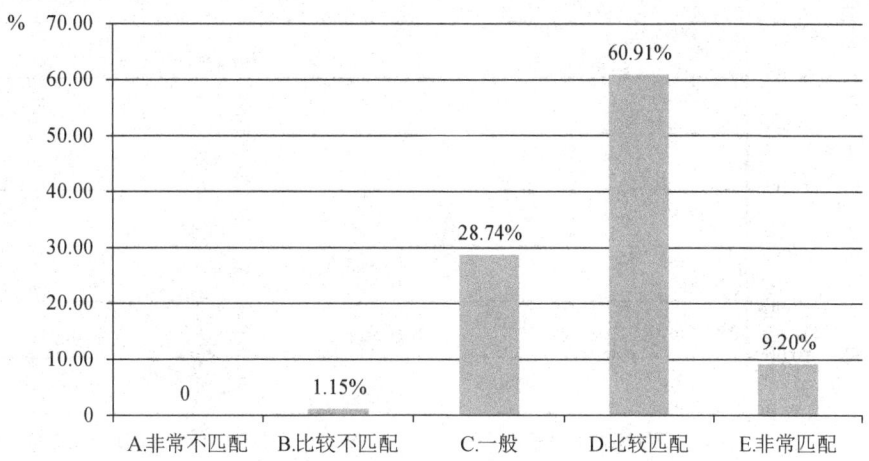

图 3-53　课程思政目标与课程目标匹配程度

6. 课程思政目标与学生学情匹配度评价

当问及"您认为本专业课程思政目标与学生学情是否匹配"时，图 3-54 显示，有 54.02% 的教师认为"比较匹配"，认为"非常匹配"的占 9.20%，而认为"一般"的占 32.18%，另有小部分（4.60%）认为"比较不匹配"。

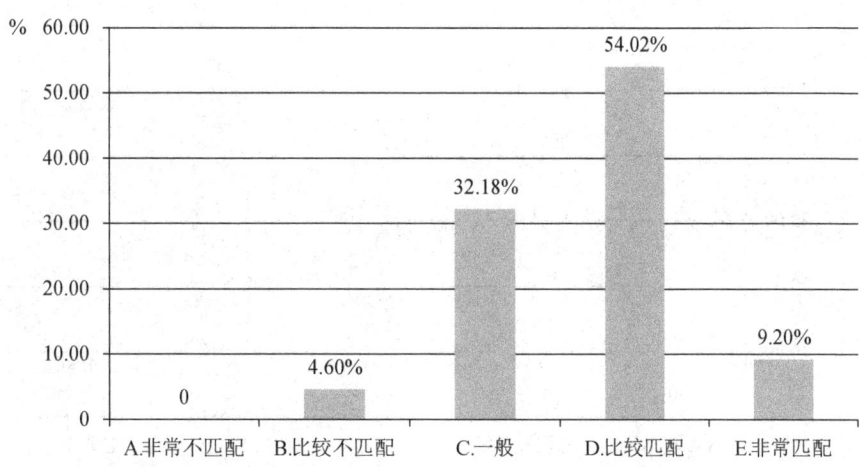

图 3-54　课程思政目标与学生学情匹配程度

7. 课程思政内容与教学内容匹配度评价

当问及"您认为本专业课程思政内容与教学内容是否匹配"时，图 3-55 显示，有 57.47% 的教师认为"比较匹配"，认为"非常匹配"的占 5.75%，而认为"一般"的占 34.48%，认为"非常不匹配"的仅占 1.15%。

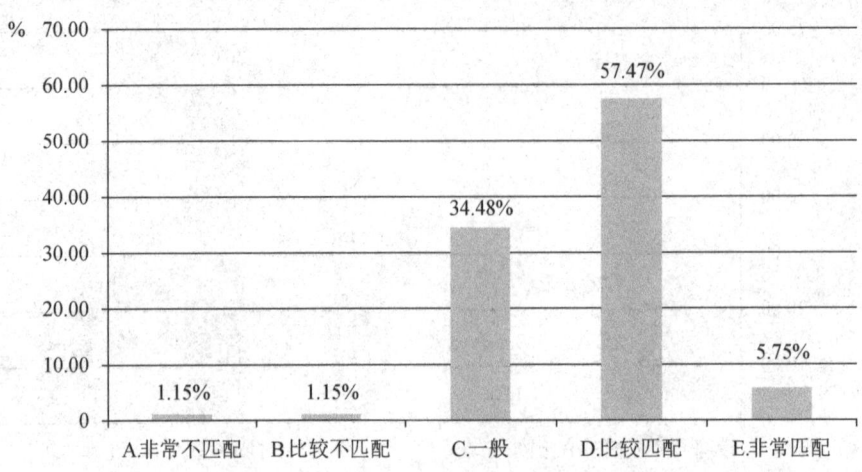

图 3-55　课程思政内容与教学内容匹配程度

8. 课程思政目标落实程度评价

当问及"您认为本专业课程思政目标的落实程度如何"时，图 3-56 显示，只有一半多教师认为落实得好，其中"比较好"占 50.57%，"非常好"占 4.60%，而认为"一般"的比例高达 40.23%，另有 4.60% 认为"比较不好"。

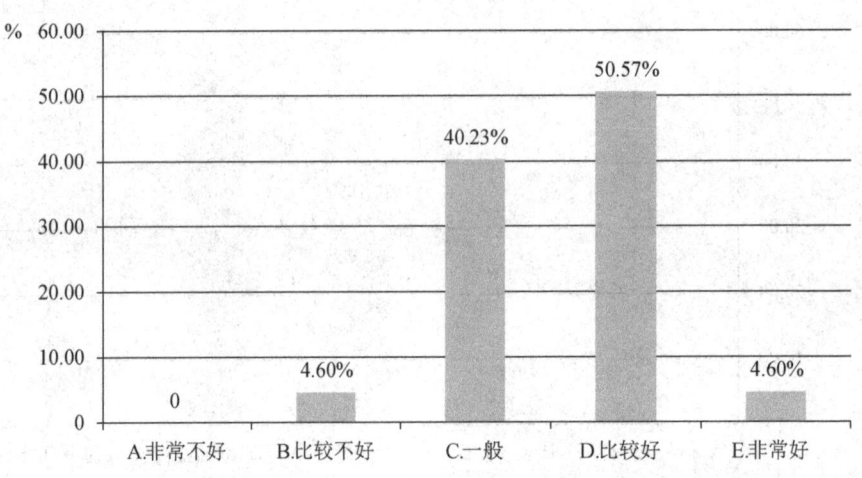

图 3-56　课程思政目标落实程度

9. 课程思政落实形式的丰富程度评价

当问及"您认为本专业课程思政落实的形式是否丰富"时，图 3-57 显示，只有一半多认为丰富，其中认为"比较丰富"占 48.28%，认为"非常丰富"的占 4.60%，而觉得"一般"的占比高达 40.22%，另有 5.75% 认为"比较不丰富"，1.15% 认为"非常不丰富"。

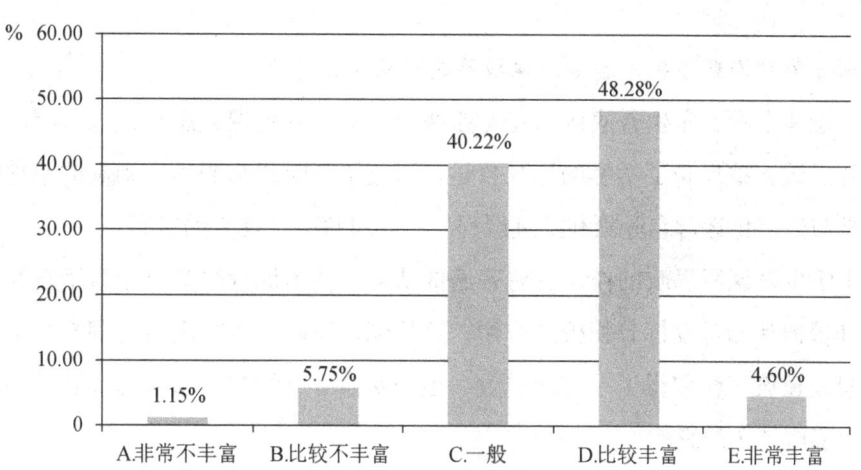

图3-57 课程思政落实形式的丰富程度

10.课程思政教学效果评价

当问及"您对本人课程思政教学效果的评价"时,图3-58显示,只有一半多的教师认为是好的,其中"比较好"占51.72%,"非常好"占4.60%,而觉得"一般"的占39.08%,另有4.60%认为"比较差"。

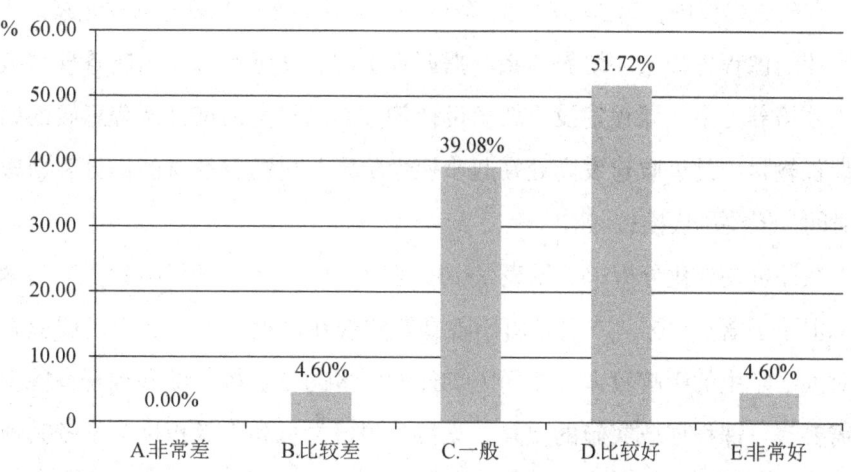

图3-58 课程思政教学效果评价

(三)小结

1. 酒店管理与数字化运营专业课程思政现状学生评价

(1)总体上看,学生普遍认为在专业课中有必要开展课程思政,也有相当部分学生喜欢课程思政,这反映了学生的思政自觉,彰显了新时代高职学生崇高的精神境界,为酒店管理与数字化运营专业顺利推进课程思政建设打下了良好的基础。

(2)学生对课程思政的作用有着普遍的认同,认为课程思政对于激励自我、提升专业认同和价值认知都发挥着积极的作用。这从侧面反映了当前酒店管理与数字化运营专业课程思政建设工作取得了一定的成效,也表明需要继续加大课程思政建设的力度,确保对学生实施持久的影响。

(3)在对专业教师思政能力的评价指标上,均有超过70%比例的学生认可教师的在挖掘思政内容、融合思政元素、运用多样化教学方法、优化教学过程等方面的能力,但仍有超过20%的学生对专业教师在这些方面的能力没有太清楚的认知。在改进建议中,学生对课程思政内容的丰富度、思政内容与专业内容的融合、讲授形式多样化等都提出了要求,因此,酒店管理与数字化运营专业教师需要通过多种途径提升自身在以上方面的思政能力。

(4)在改进建议中,有52.36%的学生提议需要在教材中融入思政元素,表明需要不断完善专业的课程思政人才培养体系。据调查了解和文献查阅,酒店管理与数字化运营专业在人才培养方案、课程建设、教学设计等方面已经全面铺开课程思政的融入,然而在专业课程教材中的思政建设尚处在起步探索阶段,对已有教材的修订和新教材的编写都需要时间,但要尽快推进。

(5)在评价差异化分析中(见表3-10、表3-11),大一的学生较大二的学生评价更为积极(但不显著),这一方面是由于各高职院校在最近一年来加大了课程思政实施的力度,对大一学生的影响较大。然而大二开设更多的专业核心课和综合技能课,表明该类课程需要提升课程思政实施的质量。党员、预备党员和入党积极分子较其他人员对课程思政总体评价更为积极,表明党员队伍及后备力量教育对课程思政建设具有重大的意义,需要充分发挥队伍的带头作用,形成更广泛的影响。

2. 酒店管理与数字化运营专业课程思政现状教师评价

各项结果显示,酒店管理与数字化运营专业教师对课程思政现状的评价要差于学生的评价。超过50%教师对专业课程思政的现状未达到满意水平,相当一部分教师(47.13%)

认为课程思政现状一般。在对课程思政内容安排、开展的形式及其丰富程度、目标落实程度几大指标的评价皆表现不太理想。对思政课程目标与学生学情匹配程度、与课程目标匹配程度、与大纲匹配程度、与教学内容匹配程度次之。结果整体上反映了当前专业教师对课程思政现状的不满和担忧，也意味着今后专业课程思政需要加强思政队伍建设。

表 3-10 独立样本检定 – 年级分组

		Levene 的变异数相等测试		针对平均值是否相等的 t 测试					95%差异数的信赖区间	
		F	显著性	T	df	显著性（双尾）	平均差异	标准误差	下限	上限
对专业课教师讲授思政知识，您的态度是：	采用相等变异数	2.461	.118	2.179	233	.030	.174	.080	.017	.331
	不采用相等变异数			2.180	180.595	.031	.174	.080	.016	.331
专业课的学习有助于让您了解本专业在我国所占的地位或对国家做出的贡献，您是否认同：	采用相等变异数	.135	.714	1.241	233	.216	.110	.088	-.064	.283
	不采用相等变异数			1.221	171.438	.224	.110	.090	-.067	.286
专业课教师所讲授的思政内容对您学习该专业课有帮助，您是否认同：	采用相等变异数	.644	.423	1.145	233	.254	.106	.093	-.077	.289
	不采用相等变异数			1.130	173.358	.260	.106	.094	-.079	.291
专业课程思政的实施对您有正向的激励作用，您是否认同：	采用相等变异数	1.460	.228	.881	233	.379	.075	.085	-.093	.243
	不采用相等变异数			.847	159.477	.398	.075	.089	-.100	.250
本专业老师是否能够结合课程特点，科学合理地挖掘思政内容：	采用相等变异数	.000	.987	1.024	233	.307	.093	.091	-.086	.272
	不采用相等变异数			1.000	167.419	.319	.093	.093	-.091	.277
本专业老师是否能够将教学内容与课程思政元素有机结合：	采用相等变异数	.713	.399	-.001	233	.999	.000	.092	-.181	.181
	不采用相等变异数			-.001	166.486	.999	.000	.094	-.186	.186

续表

		Levene 的变异数相等测试		针对平均值是否相等的 t 测试						
									95%差异数的信赖区间	
		F	显著性	T	df	显著性（双尾）	平均差异	标准误差	下限	上限
本专业老师是否常常运用形式多样、学生喜爱的教学方法，隐性融入思政元素，做到既教书又育人：	采用相等变异数	.624	.430	.646	233	.519	.065	.100	−.133	.262
	不采用相等变异数			.622	160.032	.535	.065	.104	−.141	.270
本专业老师是否常常利用现代信息技术手段，合理运用信息化教学手段增强课程思政育人成效：	采用相等变异数	.525	.470	1.515	233	.131	.147	.097	−.044	.339
	不采用相等变异数			1.494	172.656	.137	.147	.099	−.047	.342
本专业老师是否常常运用新方法、新载体，优化课程思政教学过程：	采用相等变异数	.336	.563	.601	233	.548	.061	.101	−.138	.260
	不采用相等变异数			.580	160.810	.563	.061	.105	−.146	.268
本专业课程思政的讲授内容是否符合您的期望：	采用相等变异数	.105	.747	1.482	233	.140	.145	.098	−.048	.338
	不采用相等变异数			1.446	167.091	.150	.145	.100	−.053	.343
您对本专业课程思政讲授内容的满意程度是：	采用相等变异数	.372	.542	1.002	233	.317	.089	.089	−.086	.264
	不采用相等变异数			.958	156.441	.340	.089	.093	−.095	.273
本专业老师课程思政教学方法是否符合您的期望：	采用相等变异数	.006	.936	.752	233	.453	.066	.088	−.107	.240
	不采用相等变异数			.731	165.119	.466	.066	.091	−.113	.245

续表

		Levene 的变异数相等测试		针对平均值是否相等的 t 测试						
		F	显著性	T	df	显著性（双尾）	平均差异	标准误差	95%差异数的信赖区间	
									下限	上限
您对本专业老师课程思政教学方法的满意程度是：	采用相等变异数	.107	.744	.956	233	.340	.089	.093	-.095	.273
	不采用相等变异数			.942	172.663	.347	.089	.095	-.098	.276
本专业老师课程思政的教学手段是否符合您的期望：	采用相等变异数	.417	.519	1.255	233	.211	.114	.091	-.065	.293
	不采用相等变异数			1.230	169.214	.220	.114	.093	-.069	.297
您对本专业老师课程思政教学手段的满意程度是：	采用相等变异数	.030	.862	.658	233	.511	.059	.090	-.119	.237
	不采用相等变异数			.640	165.691	.523	.059	.093	-.124	.243
本专业课程思政实施效果总体上是否符合您的期望？	采用相等变异数	.003	.958	.810	233	.419	.073	.090	-.105	.250
	不采用相等变异数			.787	165.082	.432	.073	.093	-.110	.256

表 3-11 独立样本检定 – 政治面貌分组

		Levene 的变异数相等测试		针对平均值是否相等的 t 测试						
		F	显著性	T	df	显著性（双尾）	平均差异	标准误差	95%差异数的信赖区间	
									下限	上限
对专业课教师讲授思政知识，您的态度是：	采用相等变异数	3.902	.049	1.076	252	.283	.091	.085	-.076	.258
	不采用相等变异数			.980	103.359	.330	.091	.093	-.093	.276

续表

		Levene 的变异数相等测试		针对平均值是否相等的 t 测试					95%差异数的信赖区间	
		F	显著性	T	df	显著性（双尾）	平均差异	标准误差	下限	上限
专业课的学习有助于让您了解本专业在我国所占的地位或对国家做出的贡献，您是否认同：	采用相等变异数	.233	.629	2.770	252	.006	.250	.090	.072	.427
	不采用相等变异数			2.898	133.730	.004	.250	.086	.079	.420
专业课教师所讲授的思政内容对您学习该专业课有帮助，您是否认同：	采用相等变异数	.263	.609	2.924	252	.004	.280	.096	.091	.469
	不采用相等变异数			2.948	123.855	.004	.280	.095	.092	.468
专业课程思政的实施对您有正向的激励作用，您是否认同：	采用相等变异数	1.065	.303	2.311	252	.022	.206	.089	.030	.382
	不采用相等变异数			2.243	115.315	.027	.206	.092	.024	.388
本专业老师是否能够结合课程特点，科学合理地挖掘思政内容：	采用相等变异数	.056	.813	1.939	252	.054	.184	.095	-.003	.370
	不采用相等变异数			1.877	114.650	.063	.184	.098	-.010	.378
本专业老师是否能够将教学内容与课程思政元素有机结合：	采用相等变异数	.001	.971	1.963	252	.051	.187	.095	-.001	.376
	不采用相等变异数			1.892	113.725	.061	.187	.099	-.009	.384
本专业老师是否常常运用形式多样、学生喜爱的教学方法，隐性融入思政元素，做到既教书又育人：	采用相等变异数	.158	.691	1.691	252	.092	.174	.103	-.029	.378
	不采用相等变异数			1.671	119.152	.097	.174	.104	-.032	.381

续表

		Levene 的变异数相等测试		针对平均值是否相等的 t 测试						
		F	显著性	T	df	显著性（双尾）	平均差异	标准误差	95%差异数的信赖区间	
									下限	上限
本专业老师是否常常利用现代信息技术手段,合理运用信息化教学手段增强课程思政育人成效:	采用相等变异数	.000	.999	.724	252	.469	.073	.101	-.126	.272
	不采用相等变异数			.711	117.606	.479	.073	.103	-.131	.277
本专业老师是否常常运用新方法、新载体,优化课程思政教学过程:	采用相等变异数	1.808	.180	1.750	252	.081	.182	.104	-.023	.386
	不采用相等变异数			1.764	123.881	.080	.182	.103	-.022	.386
本专业课程思政的讲授内容是否符合您的期望:	采用相等变异数	.024	.877	1.542	252	.124	.157	.101	-.043	.356
	不采用相等变异数			1.424	105.762	.157	.157	.110	-.061	.374
您对本专业课程思政讲授内容的满意程度是:	采用相等变异数	.017	.897	1.382	252	.168	.126	.091	-.054	.306
	不采用相等变异数			1.317	111.562	.190	.126	.096	-.064	.316
本专业老师课程思政教学方法是否符合您的期望:	采用相等变异数	.004	.948	1.075	252	.283	.097	.090	-.081	.275
	不采用相等变异数			1.040	114.609	.300	.097	.093	-.088	.282
您对本专业老师课程思政教学方法的满意程度是:	采用相等变异数	.782	.377	.795	252	.428	.077	.097	-.114	.268
	不采用相等变异数			.730	104.759	.467	.077	.106	-.133	.287
本专业老师课程思政的教学手段是否符合您的期望:	采用相等变异数	.012	.913	1.291	252	.198	.122	.095	-.064	.309
	不采用相等变异数			1.227	110.958	.222	.122	.100	-.075	.320

续表

		Levene 的变异数相等测试		针对平均值是否相等的 t 测试						
		F	显著性	T	df	显著性（双尾）	平均差异	标准误差	95%差异数的信赖区间	
									下限	上限
您对本专业老师课程思政教学手段的满意程度是：	采用相等变异数	.045	.833	1.303	252	.194	.122	.094	-.063	.307
	不采用相等变异数			1.254	113.544	.212	.122	.098	-.071	.316
本专业课程思政实施效果总体上是否符合您的期望？	采用相等变异数	.020	.886	1.369	252	.172	.128	.093	-.056	.312
	不采用相等变异数			1.312	112.763	.192	.128	.097	-.065	.321

第四章 高职酒店管理与数字化运营专业课程思政的特点与问题

一、酒店管理与数字化运营专业课程思政的特点

(一)课程思政内涵与专业特性自契合

酒店专业"隶属管理类专业""国际化"的特性,与课程思政内涵中"加强社会主义核心价值观教育""加强中华优秀传统文化教育""强化政治认同"等内容相契合,有助于引导学生树立文化自信,传承中国优秀传统文化。酒店专业"以人为本"的特性,与课程思政内涵中"深化职业理想和职业道德教育"等内容相契合,有助于建立职业认同感,以最大的善意对待他人;酒店专业具有"动态创新性""综合系统性""鲜明的实践性",与课程思政内涵中"深化职业理想和职业道德教育""加强心理健康素养教育"等内容相契合,可以培养学生的创新精神、集体意识、敬业精神和工匠精神等。

(二)课程思政目标专业特色鲜明

高职酒店管理与数字化运营专业课程思政建设首先要服务于国家、社会、个体三个层次的需要。在课程思政目标上要加强培养学生良好的职业素养、优秀的沟通能力、良好的职业道德和职业操守、塑造优秀的品格和人格。现行的人才培养方案,对人才培养目标的表述充分融入了思想政治要求,较为普遍的表述包含了"理想信念、德智体美劳、人文素养、职业道德、创新意识、工匠精神"等思政关键词,这些关键词表达了专业思政育人的核心指向。同时,"信息化思维、国际化视野、跨文化协作、数字化管理意识、人性化服务、积极心态、国际视野、领导艺术、社会责任、管理素质、价值观"等关键词强化了酒店管理与数字化运营专业的思政育人特色。

(三)课程思政教学改革成效显著

教师在酒店与数字化运营专业的教学过程中,多使用案例分析、榜样示范、问题讨论、讲解辨析等方法,正在逐步引入角色扮演、任务驱动、实地调研、创意设计、参与游戏、演讲辩论、分组竞赛等方法。学生对老师教学方法多样性、期望值、满意度都比较认可。教学手段多使用多媒体、网络平台等,依托课程的实践性特点,也使用行业标杆、实训及企业参观考察、企业典型讲座等教学手段讲授课程思政的内容。总体来看,学生对老师教学方法和手段的期望值、满意度都比较认可,教学改革成效较为显著。

(四)课程思政教学评价反馈良好

学生普遍认为在专业课中有必要开展课程思政,也有相当部分学生喜欢课程思政,这一方面反映了学生的思政自觉,彰显了新时代高职学生崇高的精神境界,为酒店管理与数字化运营专业顺利推进课程思政建设打下了良好的基础。学生对课程思政的作用有着普遍的认同,认为课程思政对于激励自我、提升专业认同和价值认知都发挥着积极的作用。这从侧面反映了当前酒店管理与数字化运营专业课程思政建设工作取得了一定的成效,也表明需要继续加大课程思政建设的力度,确保对学生实施持久的影响。

在对专业教师思政能力的评价指标上,均有超过70%的学生认可教师的在挖掘思政内容、融合思政元素、运用多样化教学方法、优化教学过程等方面的能力。

二、酒店管理与数字化运营专业课程思政建设的问题

调研结果显示(见表4-1),高职酒店管理与数字化运营专业教师在专业课程思政实施中会遇到的最大问题是"针对酒店专业的课程思政培训指导缺乏",其余问题依次为:"针对酒店专业的课程思政案例较少""其他事务太多,精力不够""不知道如何多维度对学生开展教学课程思政内容的考核""实施效果不理想""教学方式/方法生硬""不会设计课程思政内容""其他"。

表 4-1　高职酒店管理与数字化运营专业教师在专业课程思政实施中遇到的困难一览表

选项	排序	比例
针对酒店专业的课程思政培训指导缺乏	1	58.62%
针对酒店专业的课程思政案例较少	2	56.32%
其他事务太多，精力不够	3	47.13%
不知道如何多维度对学生开展教学课程思政内容的考核	4	33.33%
实施效果不理想	5	32.18%
教学方式/方法生硬	6	31.03%
不会设计课程思政内容	7	25.29%
其他	8	1.15%

（一）师资建设

1. 针对性培训指导仍需加强

通过对近三年高职酒店管理与数字化运营专业教师参加课程思政相关会议和培训的状况调研结果显示（见图 4-1），没有参加过课程思政培训和会议教师占比达 16.09%，参加过校外的课程思政培训和会议的教师占比不到一半，仅为 41.38%。

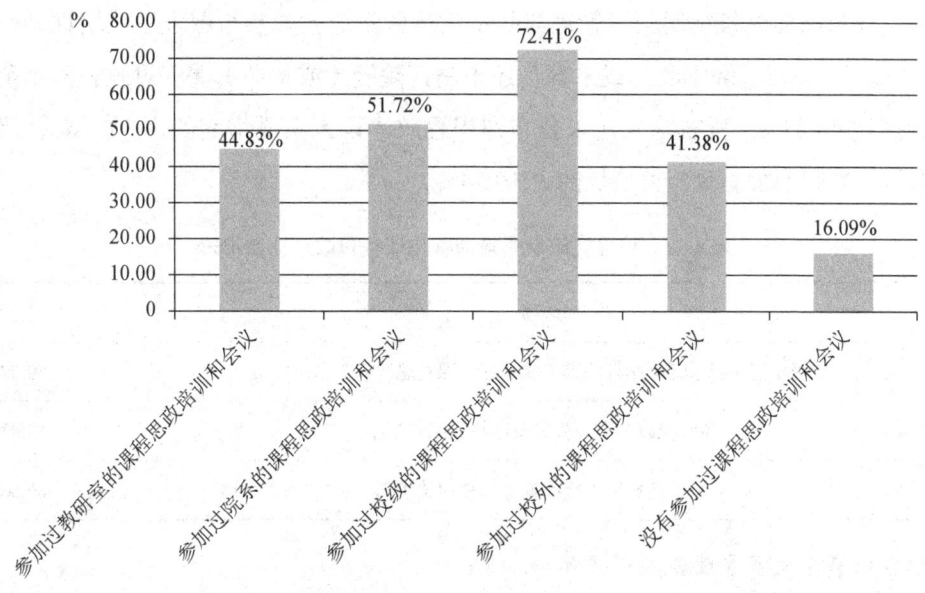

图 4-1　近三年高职酒店专业教师参加课程思政培训类型

通过对"参与过哪种类型的专业课程思政培训活动"的调研结果显示（见图4-2）：最多的活动形式是"课程思政教学方式、方法及手段的学习及研讨"，占62.07%；而"思政元素的挖掘研讨或指导""现场观摩课程思政优秀示范课的教学过程""专家指导、培训等"所在比例均不足一半。

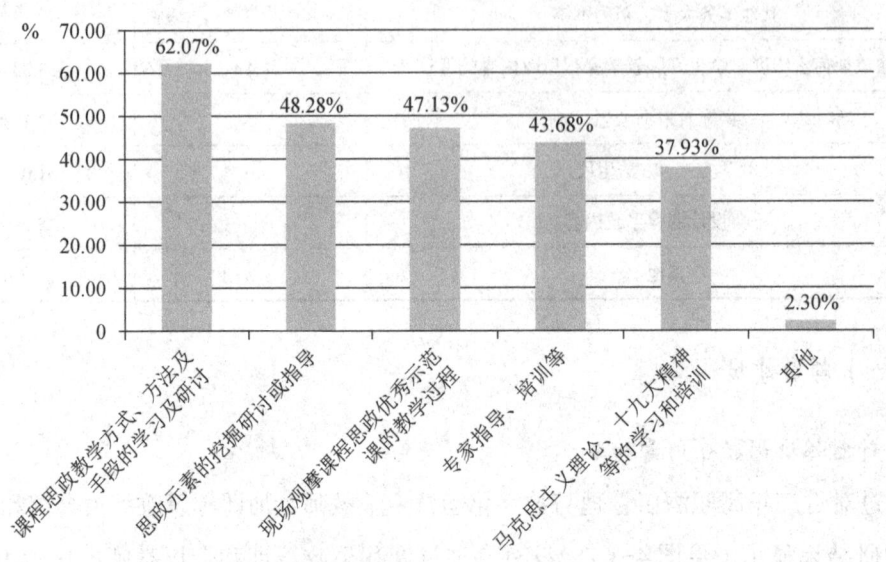

图4-2 高职酒店专业教师参与过的课程思政培训活动类型的程度

通过分析高职院校组织酒店管理与数字化运营专业教师参与课程思政培训调研数据（见表4-2）可知，二级学院（或系部）还未制订院级（或系部）课程思政教学示范方案的比例高达40.23%；所在院校还未公布课程思政建设方案或指南的占32.18%；所在院校还未组织教师参加思政相关培训的占10.34%。

表4-2 院校组织专业教师参与课程思政培训情况表

选项	比例
二级学院（或系部）制订院级（或系部）课程思政教学示范方案	59.77%
所在院校公布课程思政建设方案或指南	67.82%
所在院校组织教师参加思政相关培训	89.66%

2. 其他事务太多导致投入精力不够

针对"投入课程思政教学研究与实践的精力是否充沛"问题的调研结果显示（见图

4-3），有21.84%的教师认为投入的精力"不充沛"，认为"非常充沛"的仅占1.15%。

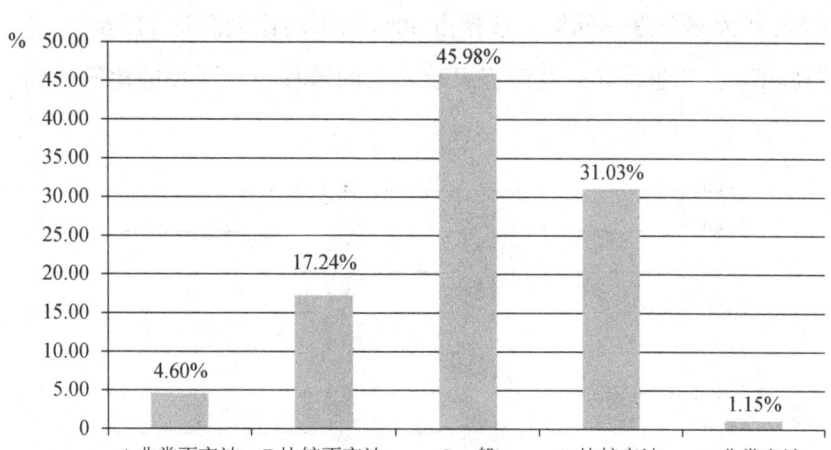

图4-3 高职酒店专业教师投入课程思政教学研究与实践的精力充分程度百分比

3. 课程思政内容设计能力欠缺

尽管各高职院校都开展了不同形式和内容的课程思政培训，但调研数据显示：高职酒店管理与数字化运营专业教师在课程思政能力仍有待提升，尤其是"准确把握课程思政建设方向和重点的能力"以及"科学合理挖掘思政内容的能力"相对较弱。其中选择"完全能够根据不同专业人才培养特点和专业核心素养要求，准确把握课程思政建设的方向和重点"的教师比重为6.9%（见图3-5）；选择"完全能够根据课程思政建设的方向和重点，科学合理挖掘思政内容"的比重仅为5.75%（见图3-6）。

针对"您认为酒店管理与数字化运营专业实施课程思政存在的困难有哪些？"这一问题，课题组对专业教师进行了访谈，部分专家认为"课程思政的设计能力欠缺"是实施"课程思政"的主要困难之一。

最大的困难还是设计上的吧。因为，每一门课程的内容都不一样，怎么样根据不同的课程做一个比较深入浅出并且是潜移默化的思政教育设计，对于老师来说有比较大的挑战，这对老师的要求会比较高。

——CJ

如何把"课程思政"元素巧妙地融入专业课程教学中，是酒店管理与数字化运营专业实施"课程思政"存在的困难之一。

——GHG

通过对高职酒店管理与数字化运营专业学生的调研结果显示：目前酒店专业涉及

思政元素的课程占比仍然偏低。对"您在目前学习过的专业课程中,大概有多少比例的课程涉及思政元素"这一问题,选择占 50% 以下的比例高达 71.66%。即:目前仍有 71.66% 的高职酒店专业,其涉及课程思政元素的课程占总课程的比例不到一半(见图 4-4)。

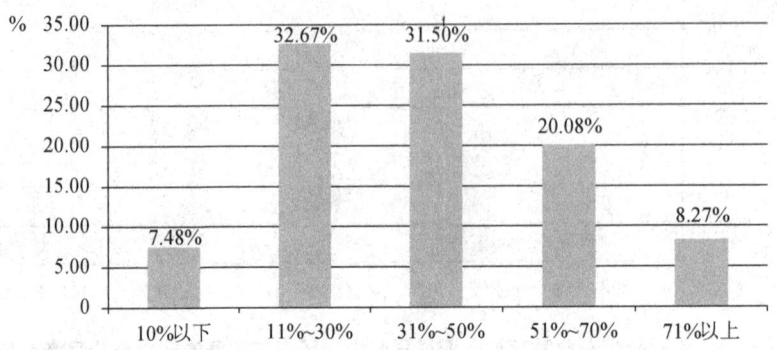

图 4-4 专业课程中涉及思政元素的课程不同比例所占的百分比

(二)教学内容

当问及学生"您认为专业课程思政建设还有哪些方面需要改进"时,"教学内容"被认为是最需要改进的。其中排在前 2 的选项为"内容再丰富一些""与专业内容衔接更自然一些"(见图 4-5)。

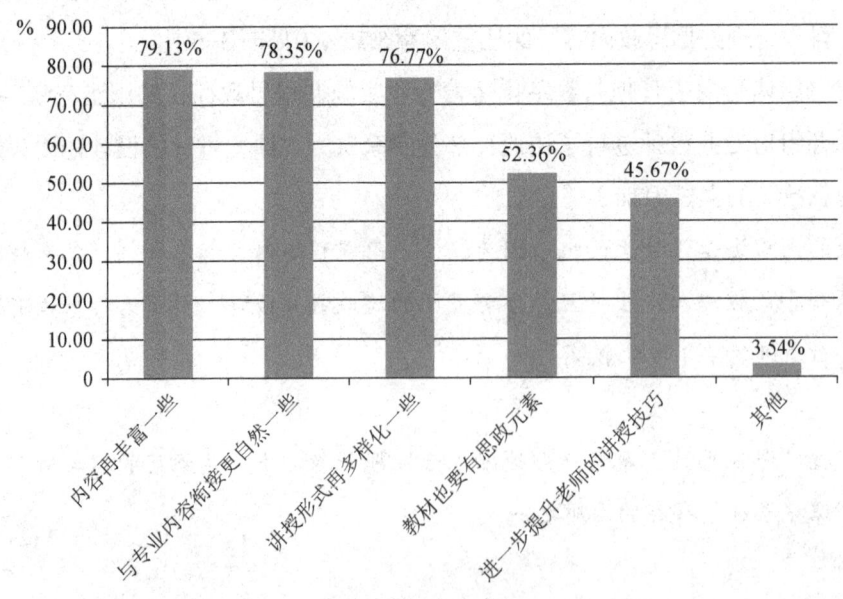

图 4-5 课程思政建设需改进的方面

1. 课程思政教学内容欠丰富

尽管教师们都非常努力地进行课程思政教学，但课程思政教学内容需要结合专业特性、课程教学目标、课程教学内容，深入挖掘专业课程蕴含的思政元素和内涵，设计相关思政内容，目前网络教学平台的专业课程思政教学资源非常少，导致专业课程思政元素较缺乏，课程思政内容不够丰富。调研结果显示：有79.13%的学生认为课程思政的内容还应再丰富一些（见图4-5）。部分专家也认为："需要老师非常了解课程的内容，并且在课程的内容当中提取并且着重去潜移默化一些思政内容（CJ）。""需要深挖有意义的载体（ZP）"。

2. 与专业内容的衔接较生硬

部分专业教师为了完成课程思政目标，生硬地植入思政元素和思政内容，未能将课程思政内容与课程专业教学内容有机融合，没有达到"如盐入水""润物细无声""潜移默化"的课程思政育人效果。调研结果显示：有78.35%的学生认为课程思政的内容与专业内容的衔接还应再自然一些（见图4-5）。有专家认为："思政课程改革，难点在于如何预设课程情境及任务，引导学生'动嘴''动眼''动脑''动手'，最终实现'动心'，实现思政目标（ZY）。"

（三）教学改革

1. 教学设计难题频现

对于专业教师来说，教学中融入思政内容有三大难题。一是加入哪些要素？很多专业教师对职业道德与职业精神的理解还处于概念层面，对于哪些内容可以融入课堂、哪些需要着重强调、哪些需要加强引导并不清楚。二是在什么时机加入？如何挖掘专业知识与思政的结合点，将思政理论、社会热点、鲜活案例与专业教学内容有机结合，使思政教育更有针对性和实效性，需要教师对思政教育的内涵、专业教育的逻辑框架都有非常深刻的理解。三是以什么形式加入？把"高大上"的理论和"接地气"的现实结合起来，再"掰开揉碎了"去讲是很有挑战的。现实生活中，许多事都能和育人联系起来，但是"可以讲"不等于"必须讲"，内容绝非越多越好，妙在得当。如何预设课程情境及任务，引导学生"动嘴""动眼""动脑""动手"，最终实现"动心"，不让他们觉得是"灌输式教育"，这非常考验教师的教学设计能力。

2. 教学方法缺乏创新

酒店管理与数字化运营专业思想政治教学必须解决只凭老经验、老方式教学的问题，在不断改进和创新中谋求质量效益。近几年思想政治的教学改革持续推进，教学改革的深入推进和职能的深刻变化及新时代酒店专业思想政治教学工作新特点、新要求，对思想政治的教育思想观念和教学方式产生了较大影响，使思想政治教学和思想政治工作面临前所未有的挑战与考验。但是，在实际的教学过程中，教师受到诸多因素的影响，很容易无意识地沿袭传统的教学方式。教师对环境和学生的新变化带来的新需求把握不准，对一些新情况感到束手无策，教学方法和手段缺乏创新，导致课程思政的讲授收效甚微。

3.教学考核缺乏有效手段

思政教育着眼于人的理想信念建设，其成效难以衡量，往往只能从课堂出勤率、上课积极性、作业反馈情况以及考试成绩等方面进行考量。但这些都离实际工作场景太远，脱离了"酒店管理与数字化运营专业课程＋思政教育"的初衷。正是因为缺乏有效的考核手段，对教师的约束很弱。有些教师认为在教学中呈现PPT、播放教育影片、布置课后阅读书目就实现了课程思政的目标，很难进行课程思政的量化考核，缺乏有效的评价体系。

（四）教学评价

从访谈和文献检索结果来看，当前高职酒店管理与数字化运营专业课程思政的教学评价工作相当薄弱。这在很大程度上跟学校及专业的课程思政工作起步晚、开展历史短有关。2020年5月，教育部印发《高等学校课程思政建设指导纲要》，各大高校开始大范围推进课程思政建设工作，这是一个重要的时间节点。在短短的两年内，各专业对课程思政建设的推进程度不一、成效各异。有个别高职院校的酒店管理与数字化运营专业在2018、2019年已经开始了课程思政的探索，虽然理论层面在不断加深认识，但是实践层面，大部分课程"还没有找到比较好的切入点"（见附录四"访谈对象一"）。就广州番禺职业技术学院来看，酒店管理与数字化运营专业课程思政最近两年都在扎实地开展，在专业人才培养目标定位、人才培养方案修订、课程标准修订、课堂教学设计等环节都积极推进课程思政建设。然而，课程思政工作不可能一蹴而就，各项流程和各个环节需要循序渐进。处于育人过程结果检验环节的课程思政教学评价，需要依托前期工作的有效开展实施，再通过教学评价进行优化。也正是基于这种需要，需要加快推进课程思政教学评价工作，让教学评价成为课程思政教学反思的立足点，成为教学改革的重要依据。

当前酒店管理与数字化运营专业课程思政的教学评价存在以下问题。

1. 尚未构建完整的教学评价体系

从对教师的访谈结果来看，绝大部分高职学校尚未构建完整的课程思政教学评价体系，具体如何考核评价课程思政效果的做法和制度非常缺乏。对课程思政的评价是在整体教学评价中，"让学生去填写一些主观的评价，或者搜取一些关键词"（见附录四"访谈对象一"），这种做法只能掌握片面信息。只是"在教学中设置课程思政目标和内容"（见附录四"访谈对象二"）的形式开展教学，而针对课程思政的专门考核评价缺乏。可见，当前课程思政缺乏评价主体、评价内容和标准、评价过程、评价手段、评价方法等体系化的建设。

2. 教学评价缺乏科学标准

课程思政将思政元素隐性融入专业内容进行思政育人，决定了将课程思政教学评价标准与专业教学评价标准相分离比较困难，开发单独的思政教学评价标准难度较大，这在很大程度上造成了当前评价标准的缺乏。从访谈数据来看，"学生主观评价""自评和他评""观察""打分"等方式和手段，均较为主观和零散。

3. 教学评价机制仍在探索

鉴于当前课程思政实施现状，对课程思政教学评价以激励为主。不少学校通过课程思政示范课评选等手段对课程思政的教学进行全面评价，同时通过教学能力比赛、课程思政优秀案例评选等方式考察思政教学的成效。也有不少院校开始将课程思政教育成效纳入教师绩效考核评价（见图4-6），这将一定程度上增强专业教师保证课程思政效果的自觉性。

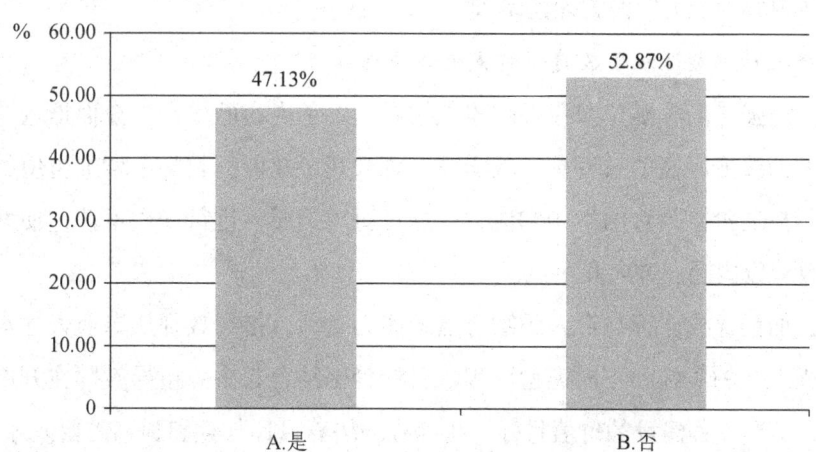

图4-6　是否将课程思政教育成效纳入教师绩效考核评价

第五章 高职酒店管理与数字化运营专业课程思政实施路径

一、师资建设实施路径

（一）加强针对性培训指导，提升教师课程思政设计能力

《高等学校课程思政建设指导纲要》指出，全面推进课程思政建设，教师是关键。提升教师的育人能力，要求教师拥有能够做、善于做、乐于做课程思政的本领和技能。从某种程度上说，专业课程教师需要补上"课程思政"的课，通过将课程思政纳入教师岗前培训、在岗培训和师德师风、教学能力专题培训等，掌握专业育人、课程思政、思政教育的原理和技能，提高将专业和育人相结合的能力。对于高职酒店管理与数字化运营专业教师，尤其要有针对性地加强"准确把握课程思政建设重点的能力"和"科学合理地挖掘思政内容的能力"两方面的培训。

1. 加强准确把握课程思政建设重点的能力培训

首先，加强《高等学校课程思政建设指导纲要》内容的培训。全面推进课程思政建设，需要教师改变以往的教育观、教学观、育人观，在课程教学中增加价值的维度、育人的理念，拓展价值教育的本领和能力。通过对《纲要》进行深入解读，使教师深入领会课程思政建设内涵、方向和重点。

其次，加强寻找课程与育人的结合点的能力培训。指导教师从专业人才培养目标出发，将课程思政的实施和不同类型课程的目标紧密结合起来。指导教师在开展课程思政的过程中，谙熟课程建设的价值目标，将课程的培养目标与党和国家需要人才结合起来，寻找两者的最佳结合点。指导教师进一步将专业知识与课程思政有机融合，做到春风化雨、沁人心田；以立德树人为目标，将价值塑造、知识传授和能力培养三者融为一体。

2. 加强科学合理挖掘思政内容的能力培训

首先，加强教师育人能力的培训。课程思政的落实说到底还是要借助教师自身的能量，发挥教师的技能。课程思政以专业课教学活动为基础，因而教师自身的教学能力至关重要。只有不断提升教学技能，用心、用力、用情投入到教学实践活动，才能持续提升教师专业的教学技能和教学水平。这需要教会教师如何挖掘身边的故事，将理想信念和使命担当落实到生活中来；如何整合资源，做好顶层的系统设计，使各学科教师合作实践、相互配合，协同育人；同时在课程思政元素的挖掘与梳理过程中要有机地融入价值塑造的各个要素，如何做好衔接，避免出现"两张皮""贴标签"的情形。

其次，加强教师课程思政教学设计与实践能力的培训。需要依据"课程思政"教学设计理论原则，从课程思政的指导思想、课程思政的内涵、课程思政教学设计的要素与流程、如何发现课程中的"思政味"、酒店专业课程开展课程思政的基本思路与方法，围绕课程思政教学设计与实践，从为何做、做什么、怎么做、勤反思等方面，进行酒店专业课程思政改革与实践的培训，给出落实落地落细的设计要求；聚焦酒店专业课程思政案例的设计方法，从一门课到一个知识点的案例设计，补充完善课程教学大纲，创新设计教案和实施策略等方面完成课程思政案例设计。

（二）建立机制，激励教师加大课程思政投入精力

1. 建立奖惩分明的激励约束机制

从"思政课程"向"课程思政"发展，构建"大思政"育人格局，关键还是要依靠课程教师。课程教师是否愿意投入、投入多少很大程度上影响着实际成效。因此，思想政治理论课与各类课程同向同行，就需要建立奖惩分明的激励与约束机制。对于那些投入多、工作有成效的教师可以在教学工作量、教学业绩考核、评优评先、职称评审等方面给予奖励，以形成示范效应，鼓励更多教师参与到"课程思政"工作中来。

2. 建立常态化的工作合作机制

首先是教学设计合作，如专业课程可以聘请思政课教师对课程的教学设计进行"思政"元素的把关、讨论。思政课教师在备课的过程中可以选择与学生专业相关的案例或素材用于课堂讲解，可以和专业课教师共建教学资源库。其次，教学过程合作。主要是思政课教师和专业课教师能够互相听课，相互上课，取长补短，共同促进，共同提高。再次是开展教学研究或科学研究合作。借助学科的可融合性，在项目研究中相互参与，增进沟通，增进合作。还有就是实践教学合作。通过构建常态化的工作合作机制，增进

专业课和思政课教师的彼此交流,把"思政"元素渗透到教学的各个环节中,由此拓展思政育人的内涵和渠道。

3. 建立科学有效的监督保障机制

"课程思政"如何整体推进,如何评价实施效果,如何监督,是实践中的难题。高校可以通过一些体制机制建设来确保"课程思政"的有序推进,如建立健全领导体制和工作机制,各高校成立由校领导任组长的课程思政改革领导小组及办公室;着眼加大投入、深化改革;支持建设国家重点马克思主义学院,发挥引领作用等。总体上,"政策支持、整体谋划、重点培育、逐步推进"是做好课程思政工作的有力保障。

二、教学内容实施路径

(一)深入挖掘课程思政元素

1. 依托酒店专业建设进行挖掘

课程是专业的组成要素,各类课程育人作用的发挥要以专业建设为依托,并需要学科建设的强力支撑。教师要结合课程所归属和服务的学科与专业的形成背景、发展历程、现实状况和未来趋势,特别是所涉及的酒店重大工程和科学技术发展成果,模范人物事迹,学科专业原理、观点以及与之相关的生活实践、教学实践、科技实践等,挖掘其中所蕴含的使命感、责任感、爱国精神、奋斗精神、开拓创新精神等思想政治教育元素,并使之内化为学生的精神追求、外化为学生的自觉行动。

2. 依托酒店职业素养要求进行挖掘

职业素养是指职业内在的规范和要求,是从业者在职业过程中表现出来的综合品质,包含职业道德、职业技能、职业行为、职业作风和职业意识等。良好的职业素养是每一位高职酒店专业学生在未来职场上取得成功的必备条件。对于学生职业素养的培养是高校人才培养的重要内容,除一般共性的职业素养之外,不同学科和专业对学生的职业素养培养各有侧重,甚至差异很大。教师要依据酒店专业的人才培养特点以及酒店职业要求,从职业素养养成的角度,有针对性地挖掘课程所蕴含的育人元素,增强课程育人的针对性和实效性,提升学生职业发展能力。

3. 依托酒店具体实际进行挖掘

"课程思政"建设既是一项系统工程,又是一项具体工作,只有适应不同高校、不同课程的特点，坚持分类指导、坚持地域属性、坚持学科特色，才能实现统一性和差异性的有机统一，切实提升"课程思政"建设质量。因此，推进"课程思政"建设，必须坚持依托具体实际延伸性地挖掘思政元素，让一切有利于开展"课程思政"教学的资源和要素被充分利用起来、凸显起来、鲜活起来。一是要针对酒店专业实际延伸拓展思政元素，积极深入课程内部要素和主动关注课程外部资源，将对思政元素的挖掘延伸至酒店专业的历史沿革、课程建设的国际比较、课堂教学的空间拓展、实践教学的社会印证以及相关学科专业的有效支撑等方面，将有利于提升专业认同和增强责任意识的各类资源通过酒店专业课程建设紧密联系起来、有效互动起来、系统组织起来，提升思政元素的丰富性和多样性。二是要针对学校和地域特色深入挖掘思政元素，充分依托学校定位和地域特点深度挖掘有利于开展课程思政的各类思政元素，将对思政元素的开发延伸至校风校训的课程融入、学校文化的氛围营造、民族风情的资源借鉴、地方发展的专业分析以及红色文化的传承弘扬等方面，将有利于提高文化自信和坚定理想信念的各类资源通过课堂讲授和社会实践积极吸纳进来、科学渗透进来、有机融入进来，切实增强思政元素的吸引力和感染力。

（二）加强课程思政元素的有机融入

教师把所挖掘的思想政治教育元素融入课程教学，不是一道简单的物理工序，而是一次充满挑战和艺术的"化学反应"，是一项复杂而精细的育人工作。教师必须根据学校人才培养的总目标，按照专业培养方案和课程大纲中的育人规定，重新认识和梳理课程结构、教学内容、教学教法等，对思想政治教育元素的融入进行系统化、再造性地设计和实践，体现到课程教案、课堂教学、实践教学、学生自主学习等各方面之中，实现课程知识教育和思想政治教育的有机统一。

1. 融入教学方案

教学方案是教学实施的方案设计，是教师实施教学大纲的主要依据和路线图。教师把所挖掘的思想政治教育元素融入教学方案，既是对融入的内容、时点、方式、方法等根据学科知识特点、教书育人规律等进行的科学合理设计，也是对课程内容的重新梳理和再造，以确保知识教育要求与思想政治教育要求的统一，这是教师开展课程思政的关键性准备工作[15]。

例如，北京联合大学旅游学院桑建老师《饮食文化概论》课程结合课程思政教学实际需求，将课程大纲规定的7个章节的内容重新梳理为5个章节，突出了价值塑造导向

（见图5-1）。

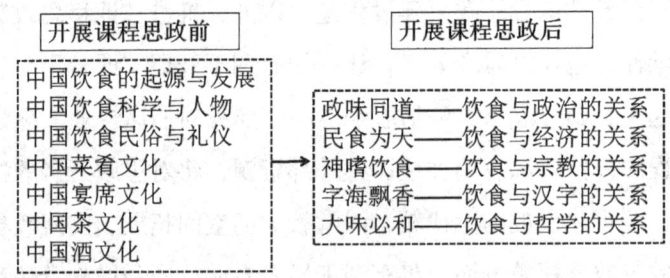

图5-1 《饮食文化概论》课教学方案设计

2. 融入课堂教学

"课程思政"不是仅仅在形式上和要件上下功夫，不是衡量使用了多少思政元素、突出了多少思政理念、弘扬了多少思政价值，而是要在内容建设和内涵建设上下功夫。"课程思政"建设的重点是教学内容的优化、改革和创新，既要保持各类课程教学内容的科学性、系统性和知识性，又要凸显思政教育的政治性、价值性和引领性。因此，将思政元素有机融入课堂教学内容中，让学生在接受知识教育的过程中感受文化熏陶、精神洗礼、信仰洗涤的力量，是发挥"课程思政"功能的关键。让学生在解决问题的过程中，认识问题和知识背后所蕴含的理论思维、方法论和价值判断，激发学生的思想碰撞和情感体验，实现对学生的价值引领。要通过运用好彰显酒店专业课程精神内核和价值引领的思政元素，真正把习近平新时代中国特色社会主义思想融入教材、转入课堂、化入教学，把马克思主义立场观点方法带入实践、引入实验、导入实际，让中国优秀传统文化、革命文化、社会主义先进文化进入学习过程、渗入学校生活、深入学生头脑，阐释好新时代中国道路、讲述好新时代中国故事、弘扬好新时代中国精神，教育引导学生牢固树立"四个自信"，坚定理想信念、筑牢梦想信仰。

例如，在讲授酒店业发展时，可以通过中西方酒店发展历程的对比分析，使学生感悟中国酒店业在崛起和发展中的不屈与进取精神，胸怀民族自强意识，树立民族品牌发展信念，增强民族自豪感和爱国情怀，融入"民族自强与家国情怀"思政元素；在讲授中外著名酒店联号及品牌发展时，通过解读中外著名酒店集团及其品牌扩张案例，使学生认识行业典范，了解行业标杆，从而树立专业高度和职业发展的方向，培养学生热爱所学专业的行业自信心和职业信念，融入"行业典范与职业信念"思政元素；在讲授星级酒店分布时，通过给学生布置学习任务"当地五星级酒店分布及其原因分析"，以任务为驱动,以学生团队为单位,探究当地高星级酒店发展现状,并分析各酒店的类型及特征,促使学生将所学理论进行知识内化与实践应用,充分融合当地地域文化特色,并且在项目过程中,充分提升学生的批判性思维能力、解决问题的能力、自我管理和团队协作的能力,最大限度激发团队精神和集体荣誉感,融入"地域特色与团队精神"思政元素;在讲授酒店业务设置时,通过设计相关辩论题"关于酒店是否应该设置携带宠物入住业务的辩论",组织小组或班级辩论赛,使学生辩证看待宠物入住业务的利弊,分析该项业务设置与否的依据,提高学生洞悉行业发展前沿趋势的敏锐度,培养学生改革创新的时代精神。同时,利用宠物可爱的形象,吸引学生感受酒店行业中的人情味,感受酒店服务的温度,融入"行业前沿与改革创新"思政元素;在讲授酒店的组织结构与岗位设置时,通过案例分析,使学生了解酒店的岗位设置与不同岗位的任职要求,培养学生追求卓越、精益求精的工匠精神意识,树立学生爱岗敬业、无私奉献、遵规守纪的职业品德,帮助学生厘清职业发展方向和职业规划,增强学生的职业责任感,融入"工匠精神与职业道德"思政元素[16]。

3. 融入实践教学

加强实践育人,对于不断增强学生服务国家、服务人民的社会责任感、勇于探索的创新精神、善于解决问题的实践能力,具有不可替代的重要作用。把所挖掘的思想政治教育元素融入实践教学,就是要将育人目标统筹到实践教学目标中去,坚持把育人要求融入实践教学工作全过程,加强对实践教学方法的改革,重点推行基于问题、基于项目、基于案例的教学方法和学习方法,在解决问题、实施项目的过程中,使学生学会做人、学会做事,增强其责任意识和创新意识,培养其艰苦奋斗、吃苦耐劳的作风等。

例如,在酒店专业实践环节,通过酒店实地体验,使学生直观感受酒店业态,熟悉酒店的基本功能和结构布局,了解酒店的性质和特点,认识酒店的部门和岗位,树立行业信心,引导学生制定职业发展规划,提高专业学习热情,融入"行业认知与职业理想"思政元素[16];在讲解酒店服务质量管理(方法与评价)时,通过对酒店业服务质量的调查分析,收集服务质量典型案例和行业大师工匠的典型事迹,培养学生精益求精的工匠精神和实事求是、公正严谨的职业态度,融入"工匠精神与职业态度"。

三、教学改革实施路径

（一）形成具有思政元素的课程目标

课程思政元素要想真正融入高职酒店管理与数字化运营专业教学中，教师在教学期间可以结合酒店管理专业特点来对课程思政教育进行设置，这也是教学活动顺利推进的前提。高职院校各个专业课程设置大多与社会岗位、职业诉求有着较为紧密的联系，所以在酒店管理与数字化运营专业教学过程中，思政元素的有效融入可结合这一专业教学实际内容来开展。酒店管理与数字化运营专业教学内容的设置，涉及学生掌握酒店主要运营部门对客户服务操作流程、酒店经营管理、人力资源管理等多方面知识，同时要求学生能够具备较为良好的酒店管理能力、服务客人能力等。这一专业今后就业方向则大多是以酒店一线工作人员、基础管理人员为主。例如，"酒店前厅管理"就是这一专业学生今后就业岗位之一，教师需要让学生在相应的训练及学习中，胜任这一职位，这就需具备前厅部的基本服务及管理技能，同时要有一定的酒店管理水平。在对这一专业课程教学目标进行明确之后，教师可以联系这一专业来对思政教育目标进行定位，即让学生在掌握酒店管理专业理论及技能的基础上，不断提高服务意识以及风险防范意识，并让学生在课程思政元素渗透中形成良好的工作态度、服务意识以及工作责任意识，从而促进课程思政元素在高职酒店管理专业中的有效融合。为此，高职院校在开展酒店管理与数字化运营专业教学时，要深入分析及挖掘这一专业各个课程中所蕴含的思政元素，立足专业课程内容，明确思政教育目标，以此有效推进课程思政的融入，进一步提升酒店管理专业教学水平。

（二）构建贯穿课程思政的教学体系

融合多种思政元素以培养学生的专业认同和职业信念，专业知识、能力培养和价值塑造三方面有机融合，在教学实施过程中形成"二三四五模式"，即形成了"价值观养成和学科科学观训练并驾齐驱的，学生、教师、校企合作酒店三方参与的，课堂内外、理论与实践、学校与企业、线上与线下相结合的，围绕专业知识与所融入的思政元素从教学内容、教学目标、教学方法、考核评价、教学过程五个方面相统一"的系统的课程教学体系，如图5-2所示。

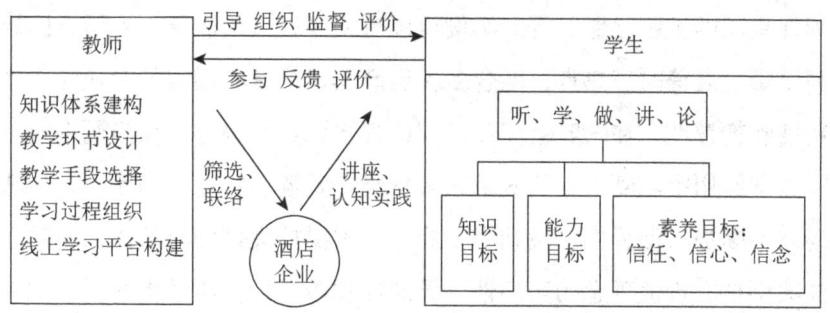

图 5-2 酒店管理概论课程思政教学体系图

图 5-2 中学生模块中的"听、学、做、讲、论"指的是学生的学习方法和学习任务，分别指：听课，自主学习和团队学习，做作业、实践、调研等，演讲、讲评等，讨论、辩论等。通过多样的学习方法，达到教与学的良性互动，实现课程的知识目标、能力目标和素养目标。

（三）深化课程思政教学方法的融合运用

在课程的教学过程中，贯彻以学生为中心的教育理念，采用多样化的教学方法，如案例教学法、混合式教学法、以问题为导向的教学法（problem-based learning method，PBL）、任务驱动法、体验式教学法、翻转课堂等，让学生思维动起来、学习忙起来，让课堂不再是满堂灌，使学习过程具备探究性和个性化。

1. 案例教学法的使用

案例教学是实施教学过程中行之有效的教学方法之一，能很好地突出课程的"针对性"和"应用性"。围绕案例问题，教学双方共同参与交流，具备很强的互动性和开放性。在问题的反复探讨过程中，学生巩固了理论知识，并将理论应用于实际案例，这样既能促进学生对知识内容的理解和消化，还有利于锻炼学生的思辨能力、实践应用能力和发现、分析、解决实际问题的能力，同时对学生情感、态度、价值观教育起到积极作用。

课程在实际授课中，有经典案例的使用。如在学习世界酒店发展历程时，使用"斯塔特勒与酒店标准化"的案例介绍了商业酒店时期的代表人物，并延伸了酒店标准化的内容，引导学生讨论并列举酒店标准化的实例，从而使学生树立规范意识和严谨细致的工作作风。另外，课程也初步形成了一套自编案例，比如"平潭北港村石厝活化的创新路径""云旅游——疫情影响下的文旅产业新模式""让中国人的酒店开遍全球——中国民族品牌锦江集团的扩张之路"等。案例可以融入乡村振兴、新冠疫情、民族品牌、线上直播、高质量发展等时事热点,融合多种思政元素,具有很强的专业性、针对性、时效性、创新性和教育性。在内容上保证了与课程知识点的契合,在问题设置上更有针对性,在实际教学使用中收到很好的效果,未来仍需要继续扩充案例库,将最新的资讯和行业前沿动态不断加入课程中,滚动式发展,时刻保持案例的时效性;同时在案例的选取上要关注案例核心价值理念的正确性、导向性和教育性,使学生通过案例,既能习得专业知识,又能获得积极的情感价值。

2. 情境教学法的使用

情景教学模式实际就是教师根据学生的心理发展特点构建相应的情景,激发学生的联想和想象,提升学生在教学活动中的参与意识。专业课教师在教学过程,应当合理创建情景,采用不同方式引导学生对教学活动产生学习兴趣。然后利用情景让学生进行联想,增强他们的情感体验,最后,利用情景中最感动之处触动学生的情感,让学生形成正确的情感态度价值观。举例来说,以酒店登记证件案例为主题创设情境,让学生了解住宿登记时国家相关部门的严格要求,强调酒店工作人员在满足客人需求的同时,也不能违反其职业道德。这样的教学模式能够通过模拟真实的工作情境,让学生分别扮演酒店工作人员和客人,在对话交流和实践的过程中,将酒店工作岗位职责和要求变得生动和具体,有助于培养学生的职业道德和职业素养。

3. PBL教学法的使用

PBL教学法是以真实性、开放性、复杂性的问题作为驱动,以学生为主导、教师为引导或指导,项目成果公开展示并可评估的动态教学方法。此教学法一改传统的教学路径,从问题出发,引发学生的学习需求,从而主动学习相关知识,进而解决问题,其特点为以始为终,解决实际问题,学生的参与主动性更强。

以酒店服务质量管理章节学习为例,围绕"酒店业服务质量问题发现及提升对策"这一问题,引导学生组建项目团队,选取任一酒店业对象,比如某酒店餐饮部、某酒店客房部、学校食堂等,通过调研形式发现其服务质量问题,并提出有针对性的改善对策。学生以问题为导向,拟定项目实施路径,首先需要解决酒店服务质量的内容、测量维度、酒店服务质量差距模型等知识点,进而有针对性地设计调查问卷开展调查研究,从而发现并解决酒店业服务质量评测问题。在这一活动过程中,学生是主体,教师设计活动任务及要求,并且指导学生开展活动以便解答疑问,最终形成调查报告。各项目组进行调查报告答辩,师生互动、互评。最后,由教师再次总结知识点,并进行活动总结。在项目学习过程中，学生的自主学习能力、团队协作能力、分析解决问题的能力得到了很大提升。问卷的设计和数据分析过程培养了学生科学严谨、实事求是的工作作风，在答辩环节，团队之间的信任和自信心得到了提升。

4. 实践教学法的使用

实践教学是将学生作为教学活动的重点，教师对学生在实践活动中的行为、观察能力以及分析能力等进行相应的指导，让他们在教学活动中形成正确的价值观念。酒店管理专业实践教学活动一般包括专业认知实习、课程项目实训、综合实训、顶岗实习等。在这些实践教学活动中适当将职业道德、职业精神、社会主义核心价值观融入教学目标中，使学生在实际操作训练中增加对酒店行业和职业的认同感，形成正确的就业观和价值观，同时具备较强的工作能力、可持续发展能力和较高的职业素养。

5. 线上线下混合教学法的使用

线上线下混合教学法，就是利用职教云、超星学习通、1+X 财务共享平台等媒体技术，开展线上线下相结合教学的模式。

课前，在平台上发布预习任务清单，并上传课程思政教学资源，如酒店行业准则、警示案例、榜样人物事迹等，将课程思政教学前移，培养学生的学习能力、比较分析能力，使学生养成关注前沿动态的职业习惯；课堂上，结合学生预习情况和教学内容特点，适当选择案例教学法、小组讨论法、探究式教学法等，落实"启发—探索—思考—领悟"教学环节，培养学生发现问题、解决问题的能力，塑造学生诚信为本、操守为重、坚持准则、不做假账的职业品格。课后，通过学习平台中的讨论模块，鼓励学生分享与本节教学相关的典故与故事、自己的所见所闻等，学生展开讨论，教师也积极参与其中，针对比较典型的案例给予肯定和表扬。通过多媒体植入"课程思政"的教育内容改变原有的泛泛课堂讲解方式，通过手机 App 软件、微课、视频、线上线下混合教学等方式，将思政教学春风化雨式贯穿"课前—课中—课后"全过程，采用灵活多样的教学方法，大大提高学生的学习兴趣，学生从感性认识上升到理性认识，再从理性认识到实践，与"知、情、意、行"形成辩证统一，加深对专业的深层次认知从而改变职业倦怠的现象，提高立德树人的成效。

在教学中秉承学生为中心的教育理念，融合应用多种教学方法，为学生创造了自主探究、建构知识、锻炼能力的学习情境，激发了学生的学习热情；多种思政元素融汇在知识传授之中，可以实现理论传播、思想引领、价值引导、精神塑造和情感激发相融合。

（四）建立"双主体""双嵌入式"动态考核评价体系

如何对融入思政的专业知识内容进行考核从而体现课程思政的效果是课程思政的难点之一。酒店管理与数字化运营专业在考核评价方面不能再完全以期末考试作为评判标准，而是将学生学习过程中的学习行为进行了综合考量，将过程性考核与期末考核相结合，建立融入隐性课程思想政治教育内容的"嵌入式"持续动态考核评价体系[17]，如图5-3所示。

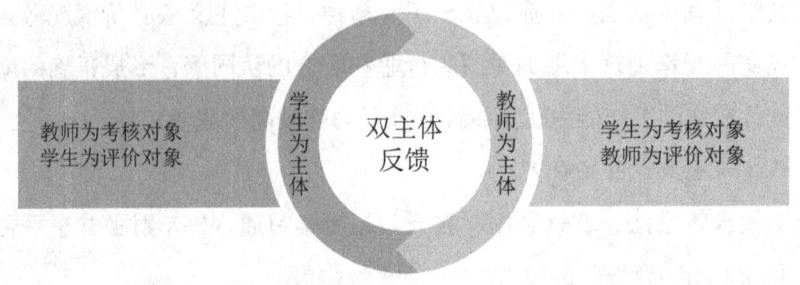

图 5-3 "双主体""双嵌入式"动态考核评价体系图

"双主体"是指被考核评价对象既包括学生，也包括老师。每个知识和技能模块完成后学生给授课老师做出课堂评价，企业工程师和思政课教师对教师的授课安排、技能传授、思政教育做出评价，提出意见，以便后面及时修正调整。学生的课堂表现和课下任务的完成，包括学习后体会、观后感总结、学习过程上传等则由授课教师、企业工程师、思政课教师做出考核评价。"双主体"形式能够满足激励性原则，体现了学生是学习活动的主体，也是考核评价的主体，体现了学生在充分反思发言后能够有一个促进自身不断认识成长的过程。教师的自我考核评价也可以在很大程度上促进学生的成长，从而充分地尊重课程发展需求。"双嵌入式"动态考核评价体系所示，课程思政的考核评价贯穿了整个学期的教学活动过程，具有实时有效性、连续性和动态性的特点，符合方向性原则，符合学生成长发展的规律，而具体的课程思政点的考核又嵌入到知识和技能的考核当中，符合定量定性原则，符合思政教育潜移默化的特点，这种"双嵌入式"考核评价体系经过多方调研符合教育教学规律，能够满足学生的课程思政教育需求，教学考核评价标准能够体现课程思政教育发展趋势，符合新时代课程思政教育教学要求，不但能够反映学生是否掌握光伏专业知识和技能，又能反映学生的价值取向、个人修养、精神风貌、行为规范能否有所提高，具有一定的实践价值和现实意义。

在考核方式上应该采取动态可持续发展的方式，其中专业教学目标占60%，课程思政目标占40%，其评价的主体应包含学生、专业课老师、企业工程师、思政课教师。能够实时记录学生在思政教育方面的表现，我们可以建立学生思政成长档案，不定期对学生的行为表现进行评价、总结、分析，对教育效果进行考核。所以专业课课程考核方式应采用过程性考核和终结性考核相结合的方式，不仅关注结果，还关注过程，专业课程教学实现由原来的注重知识传授、能力培养到价值引领、知识传授、能力培养全面化的转变。

四、教学评价实施路径

针对高职酒店管理与数字化运营专业课程思政教学评价现状和存在的"尚未构建完整的教学评价体系""教学评价缺乏科学标准""教学评价机制仍在探索"等问题，结合当前专业课程思政建设从理论认知到实践探索演进的特殊阶段，需要不断完善、优化课程思政教学评价工作，具体如下。

（一）构建课程思政教学评价体系

当前绝大部分高职学校酒店管理与数字化运行专业尚未构建完整的课程思政教学评价体系，非常缺乏具体如何考核评价课程思政效果的做法和制度。因此，需要加快构建课程思政教学评价体系建设。一是在内容方面加入人文素质、职业素养、科学态度、责任意识、纪律规范等酒店专业特色的思政元素，加强对学生根植正确理想信念和树立正确价值观的教育。二是在原有专业课程评价标准体系的基础上加入思政评估环节以及相关评价指标，对原有的以知识技能为主的评价体系进行调整，构建一套具有针对性、系统性、可操作性的课程思政评价标准。三是在评价维度方面形成教师与学生二维评价模式。考察教师的课程思政教学素养、思政教育元素融入方式与程度、课堂教学管理、教学方法的适切性及创新性、兴趣激发与主体调动程度、教学材料与资源支持等；考察学生的兴趣激发、专注度、认同度和获得感等。

（二）建设课程思政教学质量监控体系

落实人才培养方案和课程标准审核、教案评价、课堂教学、课程考核的文本记录和教学观察，完善教学成效评估的内容、方法和流程，构建全员、全过程的课程思政教学质量监控体系。在专业课程建设、教学组织实施、质量评价体系构建中，将课程思政作为重要并且是首要的监测指标。完善质量反馈制度，将学生工作、党员队伍建设、学生活动、社会实践、企业实习和就业等工作与课程思政相互渗透，形成多角度反馈局面。充分利用教学质量监控网络平台，实时了解学生课堂吸收率和满意度。

（三）优化课程思政评价主体和手段

首先，要扩展课程思政评价主体，综合采用教师自评、学生评价、同行评价、督导评价、社会评价等多种方式，尤其注意酒店及相关用人单位对学生的评价。其次，评价方法要注意定性与定量相结合。目前酒店管理与数字化运营专业课程思政教学评价手段单一、方法简单，要注重通过访谈、咨询、研讨等手段开展定性评价，同时通过科学的程序和标准构建定量分析方法。

（四）加强课程思政建设的引导和奖励

一是明确课程思政要求，将课程思政要求和标准落实到人才培养方案、教学大纲、课程标准等重要教学文件当中，明确需要考量的思政要求和实现程度。二是加强项目引领，通过课程思政示范课建设、精品课程（重点课程）建设、科研项目立项、教学能力大赛等项目，强化课程思政建设。三是加强激励引导，将课程思政成效与年终考核、教学效果评定、职称评审、职务晋升等工作结合，对课程思政建设成效显著的教师给予相应的奖励和倾斜。

第六章 高职酒店管理与数字化运营专业课程思政教学案例设计与实施成效分析

一、教学案例设计

（一）餐饮服务与管理

1. 课程信息

课程名称：餐饮服务与管理

课程性质：□专业群平台课　☑专业核心课　□公共基础课　□其他

授课专业：酒店管理与数字化运营

学时：72

学分：4

2. 课程思政教学　我们这样设计

（1）课程简介

①本课程是本专业职业能力核心课程和职业资格考证课程

本课程是培养酒店及餐饮企业基层服务员、领班、主管和一线经理必需的技能课程，是酒店管理与旅游管理专业的职业能力核心课程，同时也是（教育部考试中心和中国烹饪协会联合考核颁发）中国餐饮业职业经理人资格考试与餐饮服务员资格考试的主干课程。其功能在于通过本课程学习，使学生熟练掌握餐饮服务与管理的基本技能和技巧以及业务操作流程，培养学生解决酒店餐饮服务与管理问题及创新、创业能力，使其具备从事餐饮企业服务与管理的基本职业能力。

②本课程在职业技能培养中承担着重要的作用

本课程重点培养餐厅服务操作能力、餐饮营运操作与管理能力。同时，通过任务引领型的项目活动，提升了学生的自信心和成就感，强化了学生创新意识和创新能力，激发学生竞争意识，培养团队协作的精神，使学生掌握餐饮服务与管理技能和相关专业知识，具有诚实、守信、善于沟通和合作的品质，热爱本职工作，为其职业能力的发展打下良好的专业基础。

③本课程建设获省级精品开放课程立项

《餐饮服务与管理》2016年获广东省精品开放课程立项，2020年顺利通过验收结项，建设基础非常好，资源分布合理，教学设计、教学实施、过程记录、教学评价、自主学习等功能完备，具有较好的教学成效，受学习者欢迎。课程团队自主编写了校本教材《餐饮服务与管理项目化教程》（第一版、第二版），该教材由清华大学出版社正式出版，被确定为清华大学出版社旅游管理类精品教材和"十二五规划教材"、全国高职高专旅游类精品教材。

（2）课程思政教学设计及内容

①课程思政教学设计意图

a. 酒店专业人才培养特点和专业核心素养要求

酒店专业具有"国际化""以人为本""动态创新性""综合系统性""鲜明的实践性"等特色，其核心素养要求为"培养理想信念坚定，用习近平新时代中国特色社会主义思想武装头脑，德、智、体、美、劳全面发展，践行社会主义核心价值观，具有一定的科学文化水平，良好的人文素养、职业道德和创新意识，精益求精的工匠精神，较强的就业能力和可持续发展的能力的高素质、复合型、创新型技术技能人才"。

b. 本门课程的课程思政建设方向和重点

本课程以社会主义核心价值观为引领，将思政教育融入餐饮服务知识与技能教学中，培养具有爱国情怀、爱岗敬业、尊重多元文化、大国工匠精神的高素质餐饮服务与中基层管理人员。

c. 本课程的课程思政建设目标

培养学生深刻领会中华餐饮文化的魅力，坚定文化自信；

培养学生养成敬业、精益、专注、创新等方面的"职业"精神；

培养学生养成认真负责、踏实敬业的工作态度和严谨求实、一丝不苟的工作作风；

培养学生养成遵守法纪和行业企业标准的习惯；

培养学生具备良好的职业道德和行为操守，诚实守信，严把食品质量关；

培养学生坚守餐饮经理人的职业素养；

培养学生具有良好的团队合作精神；

培养学生具有良好的环境保护意识，践行绿色餐饮理念，杜绝餐饮浪费；

培养学生具有节约资源、降低餐饮生产成本的社会责任感。

②课程思政教学内容设计（见表6-1）

表6-1 餐饮服务与管理课程思政融入点

知识点	课程思政融入点
项目一 餐饮业认知 任务1 餐饮职业规范 任务2 餐饮行业前沿	①通过"员工请长假——同意与不同意""工作态度——好与不好"的辩论，加强学生个人品德、美德、社会公德、遵纪守法的素质教育，培养学生诚实守信、团结合作、敬业奉献的职业素养，塑造学生高尚的品格、品行； ②通过开展当地"餐饮业态调研"实践项目，以学生团队为单位，探究当地餐饮发展现状，并分析各餐饮的类型及特征，在项目过程中，充分提升学生的批判性思维能力、解决问题的能力、自我管理和团队协作的能力，最大限度激发团队精神和集体荣誉感； ③通过讲述"中国餐饮业的起源与发展"将爱国主义思政元素渗透其中，引导学生从我国餐饮业的发展变化看出我们国家餐饮业正朝着科学、创新、理性的方向稳步发展，明确我国千年以来饮食文化的形成，增强文化自信和民族自豪感[18]； ④通过聘请合作企业行业精英开展行业前沿讲座和优秀事例讲座，激发学生的职业情感。
项目二 餐饮菜系与服务操作技能 任务1 中餐菜系 任务2 中餐服务操作技能 任务3 西餐菜系 任务4 西餐服务操作技能	①通过推荐学生课后观看纪录片《舌尖上的中国》，使学生深刻领会中华餐饮文化的魅力[19]； ②通过托盘技能—餐巾折花技能—中餐摆台技能—西餐摆台技能—斟酒技能等基本技能的讲授与实训，引导学生在实训课前课后，准备实训餐具、收拾餐具、打扫餐饮实训室，培养学生劳动意识，培养学生勤学苦练、吃苦耐劳的精神，以及不骄不躁、一丝不苟的工作态度[18]； ③通过比较中西餐文化的差异，树立"各美其美、美美与共"的餐饮文化观；坚定文化自信，大力弘扬优秀的中国餐饮文化，倡导东西互鉴餐饮融合发展[20]。
项目三 餐饮服务与基层管理 任务1 预订服务与管理 任务2 迎宾领位服务与管理 任务3 点菜服务与管理 任务4 餐间服务与管理 任务5 餐后服务与管理	①通过餐饮服务规范的实操训练，培养学生服从管理、遵守纪律的意识； ②通过对餐饮服务与管理过程中各种问题处理的情景模拟与案例讨论，融入"科学分析、职业品行"思政元素，引导学生正确分析问题、用户至上、以人为本的职业态度和遵纪守法、爱岗敬业、无私奉献、诚实守信、公道办事、开拓创新的职业品格和行为习惯。
项目四 餐饮企业经营与管理 任务1 规划餐厅厨房布局 任务2 筹划与设计菜单 任务3 采购、储存与发放食品原料 任务4 监督厨房生产与卫生安全 任务5 策划餐饮促销活动	①通过"主题餐厅的规划布局"项目实训，引导学生打破守旧思维，跟随餐饮业态变化设计，培养学生创新思维； ②通过"主题宴会菜单设计"项目实训，引导学生创新设计，积极弘扬中华优秀传统文化，传承"吃出健康、吃出品位、吃出文化"的中餐文化，提高学生的审美和人文素养，增强文化自信； ③通过观看"中国宴"纪录片和"国宴"视频，让学生领略中华餐饮之"精、美、情、礼"，建立文化自信[20]； ④通过"制定一份各类食品原料的采购、储存与发放制度""厨房作业流程"等项目实训，引导学生坚守职业道德，保障"舌尖"上的安全；具备良好的职业

续表

知识点	课程思政融入点
	道德和行为操守，诚实守信，严把食品质量关；具有良好的环境保护意识，践行绿色餐饮理念，杜绝餐饮浪费； ⑤通过"餐饮产品价格制定"项目实训，让学生在掌握知识点的基础上，做到合理定价，诚实守信，在对产品定价时做到自律；培养学生具有节约资源、降低餐饮生产成本的社会责任感；培养学生坚守餐饮经理人的职业素养； ⑥通过"主题餐饮营销策划方案的撰写"项目实训，引导学生既要注重运用中国传统文化实现餐饮营销，也要关注行业变化，打破固化思维，创新营销思路和方式，适应新时代餐饮业的发展变化。
项目五　餐饮创新与创业 任务1　餐饮创新 任务2　餐饮初创企业的设立	①通过"餐饮创新思维训练"项目实训，培养学生快速接纳新鲜事物，转换思维方法，另辟蹊径地解决问题的创新思维； ②通过"撰写餐饮企业创业计划书"项目实训，让学生明白创业需要持之以恒、坚持不懈的努力，培养学生诚实守信、吃苦耐劳的优秀品质和创造财富、服务社会的家国情怀； ③通过鼓励学生积极参加创业大赛，通过参加项目大赛，让学生明白创业计划书撰写的不容易，而真实的创业更为困难。同时培养学生吃苦耐劳，学会面对挫折抗压能力和心理承受力。

③课程思政教学的教学方法及实现手段

a. 线上线下（O2O）混合教学法。在讲授酒水知识与斟酒服务内容时，通过"赛一赛：看谁说出与酒相关的诗词最多。""想一想：为什么我国有很多以酒为题材的诗歌？"的形式，课前布置学生利用互联网搜集酒水诗词，并独立思考我国酒水文化产生的人文历史背景。在课堂上先让学生分享、交流和讨论，引导学生理解中国是一个以诗传世的古国，又是一个盛产名酒的古国。诗人多爱饮酒，这是自古以来不争的事实。诗酒结合最鼎盛的时期，当数唐朝。唐诗中的酒文化，是情、酒、诗三者的相互交融，相得益彰。耳熟能详的李白、杜甫、白居易都是海量，贺知章、元稹等个个都喜欢饮酒，许多不朽之作就是在这种酣畅淋漓之时创作并流传下来的。掀开历史的长卷，不难发现，历代文人墨客与酒结下了不解之缘。得意之时，酒来助兴，映出英雄本色胸襟；潦倒落魄之际，酒来遣愁，抚慰谪客征人忧郁凄怆心怀。古典诗词中的酒文化绵绵不绝、无尽无休，滋润着诗人或豪放或深沉或缠绵或愤激的心灵。那一首首浸润着生命本真的诗词如一坛坛佳酿，历久弥香、醇厚悠长，依然陶醉着品味它们的人们，也形成了独具魅力的酒文化，增加民族自豪感和文化自信。

b. 案例分析法。通过"工作态度——好与不好"正反两方面的案例分析与讨论，引导学生认识到正确的工作态度是公司雇用员工时最优先考虑的，其次才是职业技能，认真负责的个人素养已被视为遴选人才时的重要标准，培养学生"忠于职守，爱岗敬业"的职业态度。进一步组织学生讨论：结合餐饮岗位，举例说明怎样才能做到爱岗敬业？最终得出结论：忠于职守，爱岗敬业的具体要求就是树立职业理想、强化职业责任、提高职业技能。职业理想是指人们对未来工作部门和工作种类的向往和对现行职业发展将达到什么水平、程度的憧憬。理想层次越高，越能发挥自己的主观能动性。作为餐饮企业员工，要自觉树立职业思想，不断激发自己的积极性和创造性，实现自我；强化职业责任是指人们在一定职业活动中所承受的特定责任。它包括人们应该做的工作以及应该承担的义务。职业责任是企业员工安身立命的根本，故餐饮企业及从业者本人都应该强化职业责任，树立职业责任意识；提高职业技能是人们进行职业活动、履行职业责任的能力和手段，包括从业人员的实际操作能力、业务处理能力、技术技能以及与职业有关的理论知识等。没有相应的职业技能，就不可能履行自己的职业责任，实现自己的职业理想。

c.情景模拟法。通过在餐饮服务环节的教学中，设计各种服务情景，组织学生讨论情景应对方案，并设计情景模拟脚本，开展情景模拟展示。如在讲授"迎宾领位服务"时，针对"情景实训一：客人（男士）想要靠窗边的位置，但已被预订，需暂时安排在靠门边；情景实训二：无预订，客满，大约需要客人等待20分钟，并应尽量留住客人；情景实训三：客人搞错了预订日期，一家老小提前一天到来——将其安排在小宴会间；情景实训四：无预订，预知餐厅8:30停止供餐，一批客人8:20到，要吃正餐；情景实训五：有预订，但因航班晚点，晚到一小时，预订位已被占用。"分组设计应对的具体工作情境，让学生在真实情景中体会岗位工作可能面临的问题。针对学生的表现，教师引导学生互评，最后通过教师点评和示范进一步规范学生在手势、体态、表情等方面的问题，最终达到规范化服务的目的。同时，针对不同情境的模拟训练有效锻炼学生的灵活应变能力，从而培养个性化服务素养。

④教学展示（见表6-2）

表6-2　知识模块：主题宴会菜单设计

教学环节	教学内容	课程思政元素
课前 （导入设计）	（1）教师在超星学习通上传导入案例、"中国宴"纪录片和"国宴"视频； （2）告知课前学习任务。通过课程微信群、超星学习通等方式，告知课前学习任务，以团队形式完成：①分析案例；②观看视频；③收集G20、亚投行峰会晚宴、"一带一路"峰会晚宴等国宴菜单；④设计岭南主题宴会菜单（突出岭南文化）。	（1）让学生领略中华餐饮之"精、美、情、礼"，建立文化自信[20]； （2）促使学生将所学理论进行知识内化与实践应用，并且在项目过程中，充分提升学生解决问题的能力、自我管理和团队协作的能力。

续表

教学环节	教学内容	课程思政元素
课中 (评析设计)	(1) 通过学生对案例分析以及设计作品的分享、交流、讨论，教师解析宴会菜单设计原则，引导学生深刻理解岭南文化主题内涵、深入挖掘岭南主题元素； (2) 对照课前设计作品，引导学生评析其优点与不足。	(1) 充分融合当地地域文化特色，并且在项目过程中，充分提升学生的批判性思维能力； (2) 引导学生创新设计，积极弘扬中华优秀传统文化，传承"吃出健康、吃出品位、吃出文化"的中餐文化，提高学生的审美和人文素养，增强文化自信[20]。
课后 (完善设计)	(1) 完善设计方案。作为单元作业，布置学生针对课中对方案评析所存在的不足，对课前设计的方案进行完善与改进； (2) 评比与奖励。对最终提交的方案进行评优与奖励。	最大限度激发团队精神和集体荣誉感。

(3) 课程教学效果与反思

教学效果：通过"课程思政"教学，大多数学生的思政意识有所提升。大多数学生的文化自信得到了提高，诚信观念得到了增强，对生活的态度更加积极乐观，部分学生人生追求的层次得到提升。一些学生已经将思政意识的感悟和理解转变为实际行动。整体来看，高职《餐饮服务与管理》"课程思政"教学的思政育人目标已达成。不过，也有不少学生说"自己没有什么人生追求，对未来很迷茫""我不喜欢酒店专业，也不想从事酒店行业，只想拿个大专文凭。至于以后做什么，说实话还没有想过。""现在的酒店行业待遇太低了，社会地位与20年前相比不一样了，之前的成功者经历不可复制，也不适用于当下"。可见，人生观教育和职业理想的效果并不理想，职业认同目标达成度低，多数学生未能树立起高尚的人生追求。

改进思路：①着力强化人生观教育，将其设定为重要的育人主线和目标，积极挖掘提炼、补充融入相关的教育元素，采取更加灵活生动的课程思政实践活动，通过学生的主动参与和亲身实践，教育学生树立高尚的人生目标，培养其积极进取的人生态度，帮助他们正确认识人生价值，促使其将人生追求与国家前途、民族命运、人民幸福联系在一起，积极进取、砥砺奋斗，践行"请党放心、强国有我"的青春誓言，实现人生最大价值，从而达到"内化于心、外化于行"的效果[21]。②大力加强职业理想教育，综合运用说服教育、榜样示范、情感陶冶、实践锻炼等方法，尤其是邀请本校优秀毕业生回校介绍他们的学习经历和工作现状，发挥榜样的引导作用和激励作用。通过优秀毕业生的事迹给学生以情感感染和精神鼓舞。帮助学生树立职业理想，激励学生不断前进。

（二）酒店营销实务

1. 课程信息

课程名称：酒店营销实务

课程编号：0601010749

课程性质：□专业群平台课 ☑专业核心课 □公共基础课 □其他

授课专业：酒店管理与数字化运营（三二分段）

学时：52

学分 3

2. 课程思政教学 我们这样设计

（1）课程简介

①课程性质与作用

2021年初，教育部在最新的高职招生目录中，将原有酒店管理专业升级为"酒店管理与数字化运营"，给专业课程建设提出了新的命题。《酒店营销实务》是酒店管理与数字化运营专业开设的专业核心课程，属于重要的职业能力课程。课程遵循"知识-技能-情感"三维目标，使学生掌握酒店营销的基本理论，掌握酒店产品和客户分析，酒店数字营销模式，酒店营销技术工具、方法和技能，帮助学生树立牢固的以顾客为中心的营销理念，具备双赢的沟通合作思维，在实践中能以市场为导向，关照顾客的需求，能使学生以严谨、客观的态度顺利完成酒店营销岗位的工作任务及管理岗位的运营任务，培养起科技化、数字化的营销创新意识和能力，以及良好的职业素养，从而更好地服务社会、实现自我价值。

②课程建设及获奖

早在2021年新目录调整之前，专业就以"数字化"改革为重点，以《酒店营销》课程为切入开展数字化建设。课程以专业建设为依托，根据行业和企业的新需求、新岗位、新技术及时调整课程的人才培养目标和课程标准，特别强化"数字营销"人才的培养，以"数字赋能，'营'造人生"为理念，以"岗课赛证融通"为主线，深化课程思政育人改革，共经历了三大建设阶段（如图6-1）。从教研教改、师资队伍建设、教材建设、资源库建设、校内实训室建设、行业标准、课程标准、校企合作、实践育人、竞赛育人和1+X证书育人等方面进行探索实践，着力打造优质课程，取得了良好的建设成效（见表6-3）。

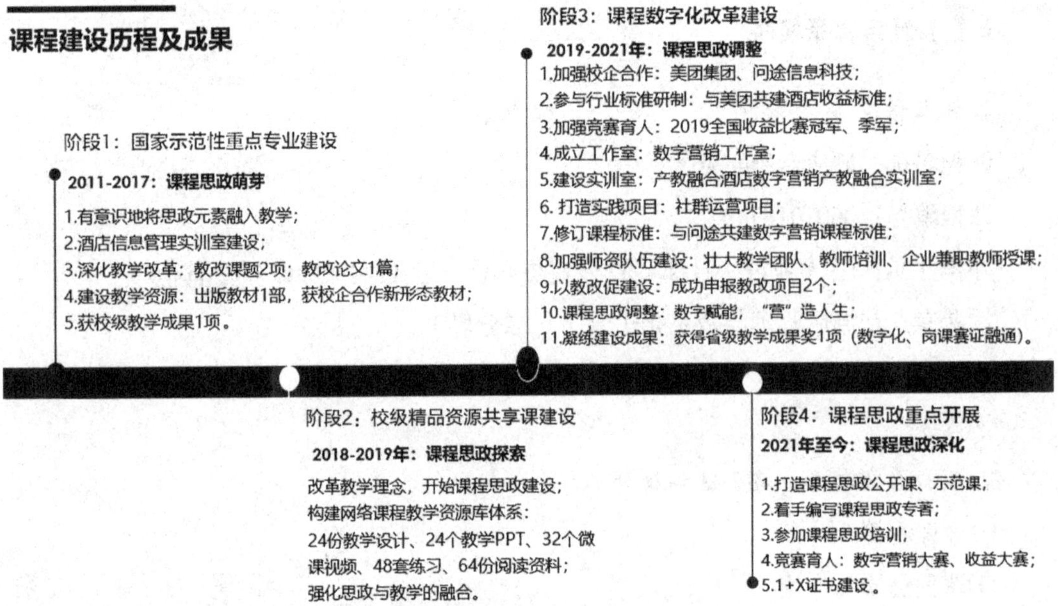

课程建设历程及成果

阶段1：国家示范性重点专业建设

2011-2017年：课程思政萌芽
1. 有意识地将思政元素融入教学；
2. 酒店信息管理实训室建设；
3. 深化教学改革：教改课题2项，教改论文1篇；
4. 建设教学资源：出版教材1部，获校企合作新形态教材；
5. 获校级教学成果1项。

阶段2：校级精品资源共享课建设

2018-2019年：课程思政探索
改革教学理念，开始课程思政建设；构建网络课程教学资源库体系：24份教学设计、24个教学PPT、32个微课视频、48套练习、64份阅读资料；强化思政与教学的融合。

阶段3：课程数字化改革建设

2019-2021年：课程思政调整
1. 加强校企合作：美团集团、问途信息科技；
2. 参与行业标准研制：与美团共建酒店收益标准；
3. 加强竞赛育人：2019全国收益比赛冠军、季军；
4. 成立工作室：数字营销工作室；
5. 建设实训室：产教融合酒店数字营销产教融合实训室；
6. 打造实践项目：社群运营项目；
7. 修订课程标准：与问途共建数字营销课程标准；
8. 加强师资队伍建设：壮大教学团队、教师培训、企业兼职教师授课；
9. 以教改促建设：成功申报教改项目2个；
10. 课程思政调整：数字赋能，"营"造人生；
11. 凝练建设成果：获得省教学成果奖1项（数字化、岗课赛证融通）。

阶段4：课程思政重点开展

2021年至今：课程思政深化
1. 打造课程思政公开课、示范课；
2. 着手编写课程思政专著；
3. 参加课程思政培训；
4. 竞赛育人：数字营销大赛、收益大赛；
5. 1+X证书建设。

图6-1 《酒店营销实务》课程建设过程

表6-3 课程相关获奖、头衔一览表

序	年份	等级	名称
1	2014	省级	教学成果奖："基于工作过程导向和学生可持续发展的高职酒店管理专业课程体系建构"
2	2014	校级	教学成果奖："基于综合职业能力的高职酒店管理专业课程学业评价方案构建与实践"
3	2019	校级	精品资源共享课《酒店营销与公关》
4	2019	校级	教学成果奖："中高职衔接酒店管理专业个性化创新型人才培养体系研究与实践"
5	2019	行业	酒店数字化人才培训基地
6	2020	国家级	全国现代服务业技能大赛（酒店收益管理人员）一等奖（冠军）
7	2020	国家级	全国现代服务业技能大赛（酒店收益管理人员）一等奖（季军）
8	2020	国家级	全国现代服务业技能大赛（酒店收益管理人员）优秀指导教师
9	2021	校级	校企合作新形态教材——酒店营销实务
10	2021	国家级	文旅部大学生实践团队

③课程建设团队

课程团队建设基础好，包括教授1人，副教授1人，讲师2人，其中教研室主任1人，博士3人。聘任企业兼职教师2人，在课程标准、教材开发、课堂教学、行业大赛、1+X证书等方面开展合作。

主要荣誉或获奖：广东省高职教育专业领军人才、广东省高等学校"千百十"人才培养工程第七批培养对象、2019年度美团大学美酒学院"最佳贡献奖"、2020年度美团大学美酒学院"攻坚标杆典范奖"、广东省教学能力大赛一等奖、广东省高等职业院校专业技能大赛一等奖/二等奖指导教师等。

（2）课程思政教学设计及内容

①课程思政教学设计意图

a.酒店业人才培养特点和专业核心素养要求

传统酒店业具有资本密集、劳动密集和信息密集的行业特征，随着数字经济发展和酒店业的转型升级，客观上对具备信息技术应用和数字化思维的复合型创新型人才需求与日俱增。同时，酒店行业属于服务业，是对外展示国家和地方形象的窗口，数字人才的培养需要与大国意识、政治认同和文化自信相结合，需要与良好的职业素养、专注求精的服务精神、专业的服务技能、职业操守和责任意识结合。具体到营销岗位，对市场观念、客户中心、商品意识、价值意识、市场法律法规，以及开拓进取、团队协作、善于沟通等职业素质和能力又有特定的要求。

b.本课程思政建设的方向和重点

基于专业人才培养的新需求，本课程思政建设以习近平总书记在全国高校思想政治工作会议上的讲话为指引，坚持学生发展为原则，以高素质的数字营销人才培养为方向，将价值塑造、知识传授、能力培养融为一体，培养具备坚定的思想信念、良好的职业素养、人文素养、科学素质和身心素质的技能型酒店数字营销人才。

本课程思政围绕三个重点：一是培养学生的数字化意识、思维和技能，以及对应的法律法规知识；二是培养学生的大国格局、文化自信，在商务礼仪、人际沟通、市场观念、价值创造等方面的素质和能力；三是根据学生职业认同和职业忠诚度不高的特点，培养学生良好的择业观念和爱岗敬业的职业精神。

c.本课程课程思政建设的目标

本课程思政以"数字赋能，'营造'人生"为终极目标，将具体目标细分为如下几点。

◆思想政治素质目标：培养大国格局、增强政治认同；塑造正确的世界观、人生观和价值观。

◆职业素养目标：坚持职业操守、爱岗敬业；高度的职业认同感和行业忠诚度；勇于创新、积极进取、精益求精、团队协作；服务客户、奉献社会。

◆人文素养与科学素质目标：高度的文化认同和广阔的国际视野；文理交融的思维能力和科学精神。

◆身心素质目标：具有坚忍不拔的毅力、积极乐观的态度，良好的人际关系和健全的人格品质。

②课程思政教学内容设计（见表6-4）

在适应课程思政和行业数字化转型的背景下，课程团队对本课程的教学内容进行了重构，一是与问途公司一起重新梳理教学内容，将传统营销知识进行了删减，强化数字化方面的内容，将课程内容确定为"酒店营销认知""酒店营销基础理论""酒店数字营销技术""酒店人员销售（线下）""酒店营销综合实战"五大模块，拓展"酒店数字营销大赛"和"酒店收益管理1+X证书"两大模块，挖掘每个模块中的思政元素进行教学设计；二是以前沿性、实用性、科学性为原则编写数字营销活页式教材，充分体现对学生个体需要的满足；三是打破按章节授课的风格，将孤立的知识点用项目和任务线串联，增强问题意识和职业体验感；四是采用数字化运营学习平台和数字营销沙盘教学，合理安排实操/实验内容，实现教、学、做一体化的同时，扩展学生知识结构，锻炼学生动手能力；五是将教学内容与行业职业技能大赛和1+X证书充分融合，以赛促学、以证促学，增强课程的实用性和价值；六是改变评价方式，将思政教学目标纳入评价标准，构建"课堂+系统+实战+大赛+证书"的专业内容+思政融合型综合评价体系。

表6-4 《酒店营销实务》课程思政教学内容设计

序号	教学模块	教学内容	课程思政元素	课程思政教学知识点
1	模块一：酒店营销认知	1.1 酒店营销课程认知	大国意识、文化自信、人生观、职业认同感	介绍国家层面的营销，介绍中国在国际舞台上的大国形象，树立民族自信。通过酒店的营销活动，正确认识酒店对外展示国家形象的窗口地位及营销工作的重要意义。
		1.2 酒店营销部岗位认知	团结协作、爱岗敬业的职业素养	介绍组织中团队的基本形式和特征、酒店营销部的运作，培养学生团队协作的精神，明确每个岗位对创造组织绩效的重要角色，培养爱岗敬业、勤恳务实的营销人精神。
2	模块二：酒店营销基础理论	2.1 营销理论 2.1.1 关键时刻（沙盘）	哲学思维、科学观念培养	消费决策过程中关键时刻的识别及重要性认知，可培养学生抓主要矛盾、关键环节的哲学思维；直观感受互联网社交媒体等信息技术发展，认识国家信息化战略，建立科学的全局观和未来观。

续表

序号	教学模块	教学内容	课程思政元素	课程思政教学知识点
2	模块二：酒店营销基础理论	2.1.2 消费者旅程（沙盘）	消费观念	电子商务高速发展下网络购物便捷化，容易产生冲动消费等不理性消费行为，需要分辨商品的价值和意义，树立健康积极的消费观念，养成"重精神、轻物质"的消费理念。
		2.1.3 长尾与二八法则	文化认同、文化自信、文化传承	岭南特色手工艺品通过网络销售（长尾效应），将岭南文化传遍神州大地，提升文化鉴赏能力，促进学生文化认同、培养文化自信，增强民族自豪感，积极传承和发展本土文化。
		2.2 营销战略：S-T-P	哲学观念	实践是检验真理的唯一标准，通过开展市场调研项目，锻炼学生收集信息，用事实说话的严谨治学态度和科学分析方法；使学生树立品牌意识，增强市场价值感知。
		2.3 营销组合：4P 及发展	系统观；价值观	各种营销因素的优化组合和综合运用，需要协同配合，扬长避短，发挥优势，才能实现营销目标。培养学生科学的系统观，使学生懂得每个人必须承担一定的责任，站好岗，出好力，为国家繁荣昌盛贡献自己的力量，培养家国情怀。
3	模块三：酒店数字营销技术	3.1 搜索引擎营销（实验）	法律意识、职业操守	通过分析搜索引擎面临的"平台搞垄断引发'公平'质疑""链接技术中立可能引发'侵权'现象""关键词广告可能引发'不正当竞争'""个人资料收集可能引来'隐私权'侵害"等法律困境，帮助学生熟悉营销活动中的法律法规，强化法律意识，引发"经济利益与职业道德"的思考，树立良好的职业操守。
		3.2 会员制营销（实验）	诚信经营	会员制实际上是一种契约关系，应当遵循双向互利、等价有偿原则。对互联网市场会员制乱象进行分析，让学生熟悉消费者权益保护法的相关规定，在酒店营销活动中需要诚信经营，杜绝诱导欺诈。
		3.3 关键意见领袖（KOL）营销（沙盘）	人生观、价值观塑造	关键意见领袖影响力大，哪种领袖才是真正的领袖。将美食界李子柒和美妆界薇娅进行对比分析，以李子柒自强不息、低调务实的作风感染学生，让薇娅偷税漏税的不法行为警醒学生，从而塑造正确的人生观、价值观。
		3.4 秒杀营销（实验）	善于把握机会	理解秒杀营销实际上是利用了消费者心理中的"稀缺效应"，错过就不再拥有，之后再想要，就需要以更高价格来购买，让学生意识到人生中需要勇于决策，善于把握良好的机遇，珍惜年华。

续表

序号	教学模块	教学内容	课程思政元素	课程思政教学知识点
3	模块三：酒店数字营销技术	3.5 节事营销（&沙盘）	美好生活愿景、和谐的理念和价值取向	节事的主题和广告宣传口号是节事营销的核心要素，北京奥运会主题口号"同一个世界，同一个梦想"凝聚了人类追求美好未来的共同愿景，体现了和谐的理念和价值取向，可以培养学生的世界格局和世界共同体和谐发展的理念。
		3.6 短视频营销	消费扶贫、乡村振兴	讲述网络短视频的制作场景和用户群体，分析乡村短视频的用户特征，让学生了解当前我国农村的发展现状，以及国家消费扶贫、乡村振兴的战略部署和成效，鼓励学生为乡村振兴贡献力量，实现人生价值。
		3.7 在线商城（&实验）	综合法律意识	酒店在线商城的搭建，酒店产品上架的知识和系统实验操作，可培养学生动手能力，促进学生对互联网平台发布内容规范、广告法、电子商务法、网络安全法和消费者权益保护法等理性认识，促使学生知法、懂法、守法、用法。
		3.8 营销自动化（&实验）	数据思维和科学分析的能力	介绍营销自动化的原理、大数据统计和分析技术的发展，培养学生搜集数据、整理数据、分析数据的能力，利用科学的数据进行营销创新，服务客户。
4	模块四：酒店人员销售（线下）	4.1 销售拜访	职业素养	介绍销售拜访的8个步骤，展示销售拜访的个人形象、礼仪礼节、守时和谈话的艺术等，培养学生良好的职业素养，纠正学生对销售员的认知偏差，树立为客户解决问题的营销思想，也让学生明白成功不是偶然的，成功属于有准备的人。
		4.2 现场销售	自信心、勇于表达	介绍酒店现场销售的流程、技术和沟通艺术，培养学生的自信心，使学生养成勇于表达、善于表达的良好素养。
		4.3 销售谈判	维护国家利益	了解谈判的概念和特征，掌握销售谈判的技巧，懂得谈判中的禁忌，通过讲述我国近三任外交部发言人的典型例子，让学生懂得国家之间的竞合关系，明白国家利益高于一切，每位公民都必须维护国家利益。

续表

序号	教学模块	教学内容	课程思政元素	课程思政教学知识点
5	模块五：酒店营销综合实践	酒店营销实践	竞争意识、创新精神、责任担当	要求学生联系之前实习的酒店，参与酒店某项线上营销活动的策划和实施，将理论与实践充分融合，培养综合营销技能、竞争意识和勇于创新的精神，肩负起大学生的责任担当，提升酒店业对经济社会的贡献。
6	教学拓展	拓展1：以赛促学 1. 全国酒店收益大赛（美团） 2. 全国数字营销大赛（问途）	综合素质和能力	组织学生参加酒店营销类赛事，促进学生将所学知识与未来工作需要具备的专业技能充分融合，激发学生的学习热情，提高学生自主学习和解决问题的能力，培养锐意进取、敢于挑战的精神。
		拓展2：以证促学 酒店收益管理1+X职业技能等级证书（中级）	职业自豪感、职业认同感	以考取职业技能等级证书为目标，赋予学习的现实价值，驱动学生主动学习、积极探索，培养学生的职业精神和职业自豪感，增强职业认同。

③课程思政教学的教学方法及实现手段

本课程构建"理论—实验—实践—竞赛—考证"循序渐进的教学体系，将项目教学、任务驱动为主线，综合运用讲授法、情景教学法、案例教学法、讨论教学法、归纳演绎教学法、调查教学法、演示示范法、对比分析法、引导法等植入教学过程，小组团队协作完成课程学习任务。

本课程依托酒店数字营销实训室、酒店数字营销系统平台、酒店营销教学沙盘、超星慕课平台（手机学习通App）、酒店数字营销活页式教材进行教学，其中酒店数字营销实训室配有笔记本电脑、平板电脑，拥有多媒体教学、小组学习环境；问途数字化运营学习平台集教师备课、学生预习、课中实验、课后复习、学习考评于一体（见图6-2）；问途数字营销情境教学学习沙盘用平板电脑操作，供学生深化理论知识的学习，根据给出的模拟情景做出营销决策（见图6-3）；超星和学习通方便文本和视频等资料的学习，以及实验操作视频存放供自主复习，学生作业提交、互动答疑以及考勤管理等。实验环节由校企双方师资共同实施。实践环节依托岭南产业学院项目，得到岭南集团旗下酒店的支持。竞赛和考证环节联合问途公司、美团集团和中国饭店业协会共同实施。

图6-2 问途数字化运营学习平台

图6-3 问途数字营销情境教学学习沙盘

本课程具体课程思政教学方法实施如下。

a. 酒店营销认知模块

（教法：讲授+案例+展示；学法：讨论）

强调知识的直观认识和感悟，以丰富的网络资源和热门事件为素材，以典型事例作深化，主题讨论，激发学生的内在情感、引发思考和感悟（如2022年冬奥会营销、冬奥冠军成长）。酒店营销部精英的日常，酒店营销部的运作模式和各个岗位职责，让学生感悟职业，培养爱岗敬业、勤恳务实的营销人精神。

b.营销基础模块

（教法：引导+启发+情景+任务驱动；学法：讨论+实践+协作）

营销理论部分：一是构建场景，师生共同分析探索，逐步引导学生思考探索，将信息技术的发展阶段与消费者决策关键时刻点联动分析，感悟信息技术发展的重要影响，探讨国家信息化战略部署下未来的信息发展趋势，为人民创造美好生活。二是从生活出发，用学校快递点引发学生网购行为调查，引导学生对冲动消费的反思，强化"重精神、轻物质"的消费理念塑造。三是讲授"长尾理论"基本知识，激发学生对长尾产品的认知，展示岭南传统手工艺品在旅游电子商务浪潮下得以广泛传播，带领学生欣赏手工艺品的特色和价值，提升人文素养，增强文化认同和文化自信。

营销战略部分：学生调研品牌酒店的S-T-P，并做分析汇报，用事实说话，培养科学探究的精神、严谨的治学态度。

营销组合部分：学生通过所调研的品牌酒店，小组协作完成资料的查找、收集和分析，制作该酒店4P营销组合思维导图。学生从知识中培养科学的系统观，在实践中锻炼团队协作精神，懂得每个公民在国家大系统中的角色，为国家建设贡献力量。

c.数字营销技术模块

（教法：案例+视频+演示+归纳演绎+对比分析+任务驱动；学法：讨论+协作+实操）

包括酒店数字营销基础知识和实验两大环节。数字化技术的发展和应用，感受信息和互联网对经济社会的重大影响，数字化技术推动酒店创新营销方式。通过问途数字营销教学平台，学生需要针对本组项目进行素材获取和实验操作，实施理实一体化教学，锻炼学生的动手能力，提高职业技能。

运用演示示范法，引导学生分析搜索引擎原理、竞价排名等知识点，进一步深化对若干法律困境的讨论。运用归纳演绎法，梳理会员制营销的应用场景和现实问题，强化诚信经营理念。运用案例教学法、对比分析法，讲授关键意见领袖（KOL）的概念、在营销领域的运用及KOL的选择和实施步骤等，通过对比分析，让学生对两个典型KOL做出评价分析，塑造正确的人生观和价值观。通过策划酒店下午茶等主题秒杀营销活动，促进学生对"稀缺效应"的认知，培养勇于决策、善于决策的素养。运用案例教学、视频教学，让学生感受北京奥运会的主题口号，增强美好生活的愿景，促进人类命运共同体和谐发展理念的养成。运用展示教学法，分析乡村短视频的火爆现象，短视频制作的工具和方法，进一步拓展国家乡村振兴战略和消费扶贫政策，鼓励学生勇于贡献，实现人生价值。运用讲授法、演示法，加强实验引导，促进学生对互联网平台相关法律法规的理解，做知法、懂法、守法和用法的新时代大学生。运用讲授法和自我示范法，让学生客观认识大数据技术的发展和应用，理解营销自动化背后的原理，掌握用技术手段进行营销创新的能力。

d. 酒店人员销售模块

（教法：讲授＋案例＋视频＋演示＋任务驱动；学法：讨论＋协作＋模拟）

综合运用讲授法、案例分析法充分讲解酒店销售人员销售拜访、现场销售和销售谈判的基础知识、流程和技巧等；通过项目教学和任务教学，依托不同类型的酒店和各具特色的酒店产品，驱动学生对人员销售的方式方法进行思考和探讨，在试错中学习，在失败中成长，最后获取订单，收获成功的喜悦。在这个过程中，学生的职业素养、职业技能、个人品格，以及世界观、人生观等都可以得到锻炼和升华。

④教学展示

【教学单元】模块三　酒店数字营销技术之 3.3 关键意见领袖（KOL）营销

【学时数】4 学时

【教学策略】以学生的情感为突破口，将思政教育线与教学线交融推进，构建"情感酝酿—情感激发—情感斗争—情感升华"的思路实施课程思政教学。

【教学工具】问途数字营销情境教学学习沙盘、教学平板电脑

表 6-5　《关键意见领袖（KOL）营销》教学设计

教学过程	教学设计与教学内容	教学设计意图
新课导入（5min）	【新闻播报】13.41 亿元，"淘宝直播一姐"薇娅被罚！ 【内容导入】在社交媒体时代，旅游大 V、旅游达人等 KOL 的体验经验，成为消费者选择旅游产品和酒店的重要参考依据，而 KOL 推荐也正逐渐成为当下一种新兴的营销方式。 KOL 营销是一把双刃剑。什么是 KOL 营销，如何运用好 KOL 营销是我们今天的学习内容。 【任务驱动】发放任务单，请各组根据本部分内容的学习，为本组酒店策划一次 KOL 营销活动。	【情感酝酿】以反面教材导入，激发学生的好奇心和求知欲，对人生观、价值观和互联网法律法规产生思考。

续表

教学过程	教学设计与教学内容	教学设计意图
新课讲授 （75min）	一、KOL 营销的概念 （1）KOL 是 key opinion leader 的简称，意为"关键意见领袖"，是指在相关领域有权威性和影响力的人媒体或组织，且拥有众多认同和信任其观点和理念的拥趸。 KOL 的粉丝黏性较强，价值观各方面为大多粉丝认同。所以对 KOL 的推荐，粉丝们是带有信任度的，粉丝们会真正地阅读、点赞甚至分享推荐。 （2）KOL 营销 企业选择符合其品牌定位、与其目标客户价值观匹配的 KOL，并和这些 KOL 共同策划相应的社交媒体互动传播方案，使得企业的品牌和潜在目标客户建立联系，以促进品牌提升、潜在客户获取和推广销售产品。 【视频】福布斯中国 50 位意见领袖：李佳琦、黎贝卡、UZI 等入选，你 Pick 谁？ 【课堂互动】请 10 位同学说出自己的 KOL。 二、KOL 营销的特点 1. KOL 的选择决定了 KOL 营销的成败 从 KOL 所拥有的粉丝数量，可以将 KOL 分为头部 KOL、腰部 KOL 和长尾 KOL。从 KOL 所在的领域，可以将 KOL 分为明星类 KOL、垂直类 KOL 和泛娱乐类 KOL。 头部 KOL 的粉丝群体量大，可以为企业广泛而快速引流，但价格昂贵；长尾 KOL 体量小，由于费用低，可以同时合作多个长尾 KOL 获得快速扩散效果；腰部 KOL 性价比较高。明星类 KOL 能够迅速引爆话题，泛娱乐类 KOL 传播信息多样化。但垂直类 KOL 更容易获得用户信任。 【资料阅读】李子柒是如何经历人生的。 【思考】薇娅和李子柒两位意见领袖，你更愿意成为谁的粉丝？ 2. KOL 的营销策略因所在平台不同而不同 KOL 活跃在不同的媒体平台上，比如微信、微博、头条号、抖音号、小红书、映客、淘宝直播、马蜂窝、喜马拉雅等。这些不同形式的社交媒体平台的内容呈现方式和互动形式都不一样，也决定了玩法不一样。比如，新浪微博的 KOL 营销形式是话题讨论；抖音是创意短视频；小红书是商品推荐和种草。企业要根据营销目标、目标客源的特征和产品属性选择合适的媒体平台。 【拓展】KOL 自古有之。在传统媒体时代，社会名人就是 KOL。随着互联网的出现和不断发展，KOL 营销平台和营销模式也多样化，费用也如"洛阳纸贵"般增加，加上社交媒体平台的时效性短，要从 KOL 渠道获得理想的投资回报率面临越来越大的挑战。 三、KOL 营销的实施步骤（重点） 1.确定营销目的 → 2.选择合适的KOL → 3.确定营销活动方案 → 4.设计KOL营销的创意内容 7.推广效果分析 ← 6.营销活动实施 ← 5.设置落地页，承接KOL带来的流量 **KOL 营销的实施步骤**	【情感激发】通过不同领域具象化 KOL，学生的进取心和对成功的渴望情感开始被激发。 让同学说出自己的 KOL，能够把握学生的价值认知，决定是否需要采取价值偏差纠正策略。 【情感斗争】美食界李子柒和美妆界薇娅进行对比分析，让李子柒自强不息、低调务实的作风感染学生，让薇娅偷税漏税的不法行为警醒学生，从而塑造正确的人生观、价值观。 KOL 营销的实施对团队的整体协作能力要求非常强，学生需要具备高度的团队精神、协同能力和

— 107 —

续表

教学过程	教学设计与教学内容	教学设计意图
新课讲授 （75min）	1. 确定营销目的 （1）企业形象推广：通过 KOL 以文字、短视频、直播等多样化内容呈现形式广泛传播企业的品牌，让更多的潜在用户了解企业的品牌、文化、产品和服务、社会贡献等。 （2）产品和活动促销：通过 KOL 宣传产品活动或促销，吸引更多的潜在用户对企业产品和服务产生购买欲望，并乐于将企业产品推荐给亲朋好友。 （3）危机公关：面临对他人构成侵权或者被他人侵权的事件时，通过 KOL 发声，从而正面宣传自己的形象或者避免不必要的损失，往往比自己发声明更令人信服。 （4）用户沟通：合适 KOL 背后的粉丝群体也是企业的潜在目标客群，通过 KOL，企业可以和这些潜在用户沟通，聆听他们的声音和反馈意见。 2. 选择合适的 KOL （1）通过新榜、清博等新媒体大数据平台和第三方评估机构寻找 KOL。 （2）关键词搜索：在个人微信账号搜索框中输入相应的关键词，看有多少好友关注了这类账号，然后再逐个查看其所发内容的阅读量、点赞量及粉丝评论情况； （3）同行调研：向同行企业进行调研，了解他们是否有和一些 KOL 渠道合作，合作效果如何。 3. 确定营销活动方案 4. 设计 KOL 营销的创意内容 文案设计搭上相关的热门话题，以用户需求为中心创意，定制更具针对性的内容，并且内容要有趣。KOL 与粉丝交流的内容往往与他们的专业领域相关，KOL 分享的关于企业产品的内容最好是与他们的领域相关的，不要太偏离。	责任担当，需要充分施展个人特长。 展示新榜新媒体大数据平台，讲述新媒体产业链的发展以及大数据技术的魅力，培养学生的科学意识，激发探究欲望。拓展学生的就业面，将来也可选择从事新媒体运营工作。

续表

教学过程	教学设计与教学内容	教学设计意图
新课讲授 （75min）	5. 设置落地页，承接 KOL 带来的流量 　　在 KOL 进行推广前，要在内容中为推广方案设置带参数的二维码或者专属 URL 地址链接到专门制作的落地页，以承接 KOL 营销带来的流量，并在落地页中号召用户进行下一步行动，如填写表单、订购产品。 【展示】落地页设计赏析，用户欣赏的落地页具备哪些元素？ 【拓展】落地页制作工具："兔展"官网 https://www.rabbitpre.com 6. 营销活动实施 　　营销活动的实施包括内部培训、活动启动以及活动中的调整和控制。 7. 推广效果分析 　　营销活动实施中和实施后，要对 KOL 营销推广效果进行跟踪监控，分析相关数据。从落地页访问数量、访问时长、留资数量、新用户数量、转化率和跳出率等方面总结 KOL 的推广效果。	提升学生鉴赏能力和自主探究能力，培养艺术素养。
实操训练 （75min）	【KOL 营销沙盘实操】 （1）阶段1：完成营销沙盘 KOL 知识点的复习； （2）阶段2：完成营销沙盘 KOL 关卡任务 【任务情景】 　　因为Covid-19以及经营环境的影响，香港帝逸酒店将粤港澳大湾区作为主要目标客源市场。酒店希望通过KOL营销提升在中国内地市场，尤其是大湾区市场的知名度，吸引更多千禧一代的年轻人到香港旅游选择该酒店。因为酒店拟开通微信公众号，所以KOL营销的主要目的是为酒店微信公众号吸引粉丝以及预售香港自由行的套票。整个KOL营销的预算是5万元左右，包括制作和投放。请在DOSM的带领下，由相关岗位提出并讨论合适的解决方案。 【任务节选】 （1）我们开会要确定 KOL 的寻找、选择 KOL、内容策划这3个内容。我先组织大家讨论一下 KOL 寻找渠道和 KOL 的选择，然后由内容营销经理负责落实下一步工作，包括内容的创意策划。请首先选择 KOL 的类型（单选） ①合作对象为明星 KOL，在《乘风破浪的姐姐》中寻找一个30岁以上的明星进行合作。 ②合作对象为泛娱乐类 KOL，如与 papi 酱、毛毛姐、多余这类网红合作。 ③合作对象为垂直类 KOL，如与深圳吃货团、广州潮生活 V 这类微信大号进行合作。 【任务要求】 　　每组学生根据角色分工，共同讨论完成每个任务点。系统自动计分。 【教师讲解】 　　各组提交完成后教师根据后台显示的答题情况，针对易错题进行讲解，让学生及时消化知识点。	理实结合，增强理论知识的实践转化和应用；锻炼动手能力、培养团结协作、创新务实的精神。
单元小结 （5min）	1. 教学重点、难点回顾 2. 各组学习评	

续表

教学过程	教学设计与教学内容	教学设计意图
课后作业	【作业1】根据本单元内容，依托项目酒店，策划一次KOL营销活动。 【作业2】在大国竞争中，国外一些意见领袖本着"为我所用"的目的，恶意扭曲中国国家形象。 请思考：如何利用关键意见领袖提升我国的国家形象？ 【提交方式】两份作业做成WORD文档，上传"学习通"。	通过课后作业，巩固理论知识学习和实操环节的学习成果，提升学习效果。 【情感升华】营销活动与国家发展结合，锻炼学生知识迁移的能力，唤醒爱国主义精神。

（3）课程教学效果与反思

本课程立足培养酒店行业高素质应用型技能人才的目标，适应酒店管理专业的数字化转型升级的需要，抓住思想政治教育、职业素养提升、人文素养与科学素质养成和身心素质锻炼几个方面，将专业与思政融合，响应了现阶段高职酒店管理与数字化运营专业人才培养的现实需要，顺利达成各项思政教育目标，取得了良好的教学效果，主要有如下几点。

①学生的专业认同感得到极大提升：本课程作为专业核心课，对接酒店核心业务部门的岗位需求。中职阶段学生实习大部分安排在餐饮和客房两大部门，重复低层次劳动，专业认同感和职业期待大大降低。本课程潜移默化地影响学生，使学生认识到未来可以从事酒店营销工作，可以从事众多跟新媒体相关的工作；学生通过数字营销大赛、1+X证书努力丰富自我，学习热情得到极大提升，精神面貌得到极大改观，专业情感得到巩固。

②学生的跨界视野和能力得到锻炼：本课程紧跟前沿技术发展，打破传统营销学的内容架构，构建信息化、数字化的内容体系，引入学习平台和模拟沙盘教学，用文理融合的手段促进学生科学思维的培养，掌握现代数字技术与专业融合的技能，增强了竞争力。

③学生的政治认同和大国情怀得到培养：本课程注重对学生思想政治的教育，在课程实施过程中，学生由学习之初较少关心家国大事，到主动关注和讨论时政热点，并能在课堂上发表自己的独到见解，努力将自己培养成合格的社会主义接班人。

④学生良好的学习习惯进一步增强：课堂上学生低头玩手机、互动积极性低的现象明显减少。实操专注度增强，作业完成率基本100%，与老师私信沟通人数和次数明显增多。

不足和改进思路：学生服务社会的能力有待加强。以科研项目引领，加强学生社会实践和社会服务的力度，让学生充分融入社会，培养社会责任心和锻炼综合生存能力。

【课后作业节选】

目的：学习完冬奥会营销知识之后，进一步巩固学生的大国情怀、培养人生理想。

题目：请以冬奥会某知名人物（或自己的心中英雄）为切入点，写一份题为"别人的18岁，我的18岁"的心灵感悟。

学生1：我的18岁虽不及谷爱凌般精彩但也是无可替代的，2019年9月，我提着厚重的行囊毅然从广州白云国际机场飞往梦寐以求的军营，担负起卫国戍边的任务。经过两年的行动与磨砺，我获得了"四有"革命军人表彰两次，嘉奖两次，优秀新闻报道员一次的奖励。感谢国家给我机会让军装见证我的18岁。

学生2：我的18岁，为了在大专的生活中能够有丰富的校园体验，也为了能够提升自己，我在努力地参加各种各样的学校活动以及社团活动，如英语口语大赛和酒店接待大赛以及青马工程，虽然只获得三等奖和二等奖以及青马工程的优秀学员，但也在从中学习到了很多，也发现了自己的不足，知道了还有很多很多比自己优秀的人。不能因为周边安逸的环境而放松下来，只有跳出自己的舒适圈才能有更大的成长。虽然我的18岁未能很优秀，但这样的不够优秀也恰恰是能够使自己能够更加努力的动力。

学生3：我18岁的时候，正在经历人生中第一次的社会实习。这一年里我也一直在给自己加油打气，一步一步地完成自己的目标。在实习半年后，我参加了见习主管的竞选，也成功地当上了见习主管。接下来的半年里，我也在努力学习，努力提升自己。虽然中间有很多的苦难，但是都一步一步克服了，并且吸收了很多的知识，丰富了自己的专业知识，提高了自己的动手能力，这也是我有意义的18岁。相信这一年的经历，会给我以后某一刻的迷茫带来动力，让我想起18岁这一年的艰辛，也可以有动力克服以后的各种困难。

学生4：我在18岁考到了驾照，在炎炎夏日去训练场练车、刷题，那个过程也很辛苦，可最后看到自己顺利拿到驾照后，一切辛苦都抛于脑后了。这就是我的18岁，一个普通但又充满喜悦的18岁。

（三）酒店服务礼仪

1. 课程信息

课程名称：酒店服务礼仪

课程性质：☑专业群平台课　□专业核心课　□公共基础课　□其他

授课专业：酒店管理与数字化运营

学时：32

学分：2

2. 课程思政教学　我们这样设计

（1）课程简介

①课程性质与作用

礼仪是社会生活中不可或缺的道德规范，是个人、组织外在形象和内在素质的集中体现，对个人和社会来说，礼仪都有着至关重要的作用。酒店服务中更加凸显出礼仪的重要性，关乎个人与企业的形象及利益。掌握酒店服务礼仪技巧，是职场人基本的素质体现。

《酒店服务礼仪》课程是酒店管理专业学生重要的职业课程之一。本课程以"内修涵养、外塑形象"为课程设计理念，以"提素质、塑形象、懂礼仪、善运用"为人才培养目标，是实现酒店管理专业人才培养目标的基础。根据酒店职业活动的特点，将礼仪与酒店服务有机结合，它具有很强的实践性和规范性，对培养学生的职业综合素养、服务意识和专业技能均有突出的意义。本课程通过理论、实践、工学结合、校企互动的教学模式，使学生通过本课程的学习和训练，树立礼貌服务的工作意识，养成良好的礼仪习惯，具备较高的职业素养与道德精神；同时，能够掌握服务过程中的社交基本技巧、规范及操作方法，并能根据实际情况灵活、准确地加以运用，以良好的个人风貌得体地与宾客交往，在塑造自身良好个人礼仪形象的同时，掌握现代交际的基本礼仪规范，更好地胜任岗位工作。

课程以实操项目为载体，与企业合作开发五个典型项目十八个工作任务作为学习情境。根据岗位（群）工作任务要求，确定教学目标，选取教学内容；本课程采用项目教学、案例教学、实操演练等教学模式；基于线上＋线下混合式教学理念组织教学，坚持以学生为中心，真正做到教、学、做、评融为一体，并有机融入思政元素。

②教学目标

通过本课程的学习，使学生全面了解酒店服务礼仪的基本知识，养成良好的礼仪习惯，掌握社交的基本技巧、规范和操作方法，并能根据实际情况灵活准确运用。重点培养学生针对不同岗位礼仪服务的意识，尽可能达到与酒店企业要求零距离。

知识目标：了解酒店服务礼仪在酒店业中的重要性，掌握酒店服务活动中个人形象礼仪、称呼问候语握手礼仪、名片与介绍礼仪、电话与交谈礼仪、访送礼仪、位次礼仪、宴请礼仪等方面规范的礼仪知识和技巧。

能力目标：具备判断酒店服务活动中各种行为是否规范的能力，具备将自己打造成一名优秀酒店服务人员形象的能力，以及灵活运用各种服务礼仪技能的能力。

素质目标：通过酒店服务礼仪的学习，使学生养成良好的礼仪习惯，增强自信心，在对内对外的服务交流沟通中，不卑不亢，成为一个懂礼仪、会沟通、会做事、会交际，有创新精神的商务人才。

（2）课程思政教学设计及内容

①课程思政教学设计意图

a.酒店业人才培养特点和专业核心素养要求

《酒店服务礼仪》课程正是基于中国优秀的传统文化——礼仪文化的大视角下，针对应用型人才培养设置的专业课程。其主旨是教育引导学生深刻理解、传承中华优秀传统文化，在服务岗位上践行讲仁爱、守诚信的思想精华和时代价值。教育引导学生深刻理解并自觉实践服务行业的服务至上职业精神和全新全意为客人服务的职业规范，增强职业责任感。

b.课程思政建设的方向和重点

基于专业人才培养的新需求，本课程思政建设以习近平总书记在全国高校思想政治工作会议上讲话为指引，坚持学生发展为原则，以高素质的酒店服务人才培养为方向，将价值塑造、知识传授、能力培养融为一体，培养具备坚定的思想信念、良好的职业素养、人文素养、科学素质和身心素质的技能型酒店服务人才。

本课程思政围绕三个重点：一是树立正确的商务交往理念，理解商务沟通与礼仪的性质特点，熟悉商务交往规则；二是领悟商务礼仪规范，掌握职业形象塑造、商务活动中的高效沟通方法与技巧，培养学生的大国格局、文化自信，以及在商务礼仪、人际沟通、市场观念、价值创造等方面的素质和能力；三是内强素质、外塑形象，使学生能够在今后的商务活动实践中随机应变、灵活运用，为他们将来从事实践工作提供有益的指导；四是根据学生职业认同和职业忠诚度不高的特点，培养学生良好的择业观念和爱岗敬业的职业精神。

c.本课程思政建设的目标

◆思想政治素质目标：培养大国格局、增强政治认同；塑造正确的世界观、人生观和价值观。

◆职业素养目标：坚持职业操守、爱岗敬业；高度的职业认同感和行业忠诚度；勇于创新、积极进取、精益求精、团队协作；服务客户、奉献社会。

◆人文素养与科学素质目标：高度的文化认同和广阔的国际视野；文理交融的思维能力和科学精神。

◆身心素质目标:具有坚忍不拔的毅力、积极乐观的态度,良好的人际关系和健全的人格品质。

②课程思政教学内容设计

a. 课程思政设计理念

本课程推动课程思政全程融入课堂教学建设的主要设计理念如下[22]。

◆挖掘"思政元素",达到润物无声的教育效果

从《酒店服务礼仪》课程的教学内容出发,进行"思政元素"深度挖掘并自然贯通。例如:项目一"酒店服务礼仪概述"这一章节中可深度挖掘中国文化的内核和精神,通过中国文化的内核与精神激发学生的爱国情怀、提升职业道德、提高自我修养,塑造服务精神,从而激发学生热爱酒店专业和行业,为学生就业做一定的铺垫和基础;此外,后面的章节中同样可以挖掘与中国传统文化契合的元素,进行结合和渗透,从而增加课程本身的深度,从精神和内在的点塑造学生的职业精神。

◆围绕"思政元素"创新课堂教学方法

课堂教学中,不断进行尝试和创新教学方法,如采用话题讨论法,让学生对"修养是第一课"展开课堂讨论,小组派代表进行发言,教师总结点评,加深学生对"修养"的认知度和认同感;如对《杜拉拉升职记》《微笑的魅力》等经典案例进行讨论分析,让学生懂得"做事先做人"的道理等。在学习"商务社交的礼仪和重要性"内容时可以结合2020年新冠疫情日本在捐助武汉物资时写的"山川异域,风月同天"来引发深度讨论,从长屋的这首诗的创作背景了解中国文化的"博大胸怀"和"宽广包容",由此结合到酒店服务的职业精神中,让学生从礼仪文化中触动自己的职业情怀和深化服务的精髓。通过灵活多样的课堂教学方法小桥流水般地渗透课程思政元素,从而达到较好的教学效果。

◆通过阶段性实践情景训练来检验思政教育效果

在校内和校外同时开展实训实践课程,校内实训室设置各种情境,让学生进行角色模拟,通过转换角色,在调动学生的学习兴趣的同时,激发其作为服务者和被服务者的情感共鸣,使其树立正确的价值观及职业态度。同时,实践课程中,带学生走出学校,在校外对酒店服务质量进行深度调研,通过理论与实践相结合,在社会实践中让学生学会做人做事的原则,并培养学生批判性思维、发现问题及解决问题的能力。

◆持续挖掘思政元素,建立"课程思政"案例库

酒店服务礼仪规范的很多课程资源中蕴含着传统文化、行为习惯、个人品格和职业素质的优秀品质,要充分发挥其"道德规范作用";搜集知行合一、以礼导行的经典案例,

发挥其"行为规范作用";搜集丰富学生精神涵养的经典案例,发挥其"以德树人的作用";搜集塑造学生形象气质的经典案例,发挥其"职业形象的作用";搜集培养学生礼仪素养的经典案例,发挥其"职业素养的作用"等。这些对于落实课程思政元素都是非常值得和关键的。

◆将课程思政模块纳入《酒店服务礼仪》课程考核方案

可以将课程专业知识和技能模块的考核比例减少,加入课程思政模块的考核;根据课程的特点建立相应的考核标准,可以从酒店服务礼仪的理论常识、职业素养教育(职业观念、情感、职业道德、职业作风和职业守则)和遵纪守法等方面考虑;着重考核学生在掌握了专业知识和技能的同时,是否具备了良好的职业道德,是否爱岗敬业,是否树立了正确的职业观和价值观。

◆积极开展校企合作,学以致用

定期带学生进行实践教学,在具体的工作岗位上学以致用,把学到的酒店服务礼仪知识、服务礼仪形式和服务礼仪的技巧应用到实际工作中,这样既能够增强学生的学习兴趣,又可以提高学生对酒店服务礼仪文化的认知。鼓励学生深入社会实践、多多参与志愿服务,不断拓展课程思政建设方法和途径,培育学生经世济民、诚信服务的情怀。

b. 课程思政教学内容设计(见表6-6)

表6-6 《酒店服务礼仪》课程思政教学内容设计

序号	模块	教学内容	教学目标	思政要素
1	酒店服务礼仪概述	①酒店服务礼仪的含义 ②酒店服务礼仪的特点和原则	知识目标:①了解礼仪的起源和发展历程;②掌握礼仪的定义,理解礼仪的特性、内容与社会功能;③掌握酒店服务礼仪的含义、特点、作用和原则。 能力目标:能在实际生活中应用服务礼仪	①传承中华文脉、富有中国心、饱含中国情、充满中国味; ②养成文明礼貌、宽以待人的品格,培养积极参与和谐社会建设的意愿和能力。
2	酒店职业形象塑造	①仪容礼仪 ②仪表礼仪 ③着装礼仪	知识目标:①能快速地进行化妆,包括工作妆和生活妆;②能准确地为不同工作状态搭配好服饰,符合场合的要求;③能熟练地运用好手势,身体语言;④能有正确的走姿、坐姿、站姿等。 能力目标:①根据岗位要求,能做出正确的仪容;②能根据不同场合,选择恰当的服饰。	①能养成微笑的习惯、乐观的精神;提升自我形象,增强自信心; ②培养独立自尊的人格和高尚的审美情操。

续表

序号	模块	教学内容	教学目标	思政要素
3	商务社交礼仪规范	①介绍礼仪 ②握手礼仪 ③名片礼仪	知识目标：①了解会面礼仪和交谈礼仪的基本知识；②掌握称谓礼仪、介绍礼仪、握手礼仪、名片礼仪的相关要求。 能力目标：①根据生活、工作需要，能正确恰当地介绍；②在商务场合，能自然正确地实行交往礼仪。	①增强对中国传统文化的深度了解，提升民族自信心、自豪感；②培养爱岗敬业、团结合作的精神。
4	商务方位礼仪	①平面行进的位次礼仪 ②乘坐小轿车的位次礼仪 ③会客位次礼仪 ④谈判位次礼仪	知识目标：①能熟悉商务人员基本的位次礼仪常识；②掌握乘坐交通工具位次礼仪的要求；③能恰当处理会客礼仪、谈判礼仪和签字礼仪；④能熟练应用会客礼仪、谈判礼仪和签字礼仪的方式和技巧。 能力目标：①根据场合，能正确地进行位置的布置；②在会议接待中能准确地做出会议布置。	①了解中国的政策、意识、文化，核心价值观追求；②养成责任担当。适应集体生活和研学，形成团队意识和互助精神。学会交流和分享研学成果和创意，提高与人交往的能力。
5	商务人员职场礼仪法则	①通信礼仪 ②会客礼仪 ③谈判过程中的礼仪 ④商务接待、拜访礼仪 ⑤签约礼仪 ⑥庆典礼仪	知识目标：①能熟练应用会客礼仪、谈判礼仪和签字礼仪的方式和技巧；②能根据客户要求恰当选择馈赠礼品；③能熟悉接待客户、上门拜访客户的任务。 能力目标：①能在工作场合有效使用电话、微信等；②在接待，拜访、庆典中应用合适的礼仪接待。	①塑造在职场中积极的态度及行为，培养良好的职业道德、思想及情感；②引导学生养成认真负责的工作态度，增强学生的责任担当，有大局意识和核心意识。培养学生遵守职业道德和职业规范。
6	商务宴请礼仪	①中餐桌次及席次安排 ②西餐桌次及席次安排 ③中西餐就餐礼仪 ④自助餐礼仪 ⑤饮酒礼仪 ⑥饮茶礼仪	知识目标：①掌握中餐的席次安排；②能准确掌握宴会流程礼仪；③能掌握西餐礼仪的布置要求，及接待礼仪规范；④掌握酒、茶礼仪的由来，在商务活动中能灵活操作。 能力目标：①能理解客户需求，准确服务中餐宴请客人；②能准确服务好西餐客人。	①接受并践行社会主义核心价值观，形成国家意识、文化自信和拥护党的意识和行动，培养家国情怀和人文底蕴；②增强学生的民族自信心和自豪感，激发青年学生的爱国热情，培养学生立志献身祖国的远大理想，坚定"四个自信"、牢树"四个意识"。

续表

序号	模块	教学内容	教学目标	思政要素
7	中外民俗礼仪	①中国主要节庆习俗 ②外国主要节庆习俗	知识目标：①了解主要节庆特点以及少数民族的民俗礼仪；②掌握外国主要国家的风俗习惯和禁忌。 能力目标：①能在生活、社交场合中，正确使用国内外习俗礼仪；②能准确地向客人介绍不同地区、不同国家的节庆习俗。	①形成价值认同，感受中国传统节庆文化，体验社会经济巨大发展成就，尊重中华民族优秀文明成果；②激发学生爱国主义情怀，培养学生以爱国主义为核心的民族精神。

③课程思政教学的教学方法及实现手段

在课堂教学过程中，教师可交叉运用融入法、渗透法、指导法和点评结合法等，增强师生互动，提升学生的共鸣感。如将"修养是人生的第一课""传承礼仪文化经典案例"或"塑造学生形象气质经典案例"等作为主题来开展课堂小组讨论，每组派代表进行发言，教师总结点评，加深学生对"礼仪修养"的认知度和认同感；定期举行"我与礼仪"等系列主题演讲活动，学生分享自己身边熟悉的礼仪故事，一起讨论故事中的是非曲直、礼仪内涵。

此外，伴随科技的不断进步，在新时代背景下，"95后"或是"00后"的大学生非常喜欢通过新媒体的方式进行个性化地表达，针对这一群体的课程教学模式，也要随之发生变化。教师可以利用学院的教学资源管理平台，开展互动教学，增加教学的灵活性、及时性和趣味性，利用动画、图片和微视频等打造生活情境，激发学生的学习热情，使学生产生共鸣，形成情感和价值观上的认同。教师还应该充分利用"互联网+"构建交流学习平台，整合线下线上学习资源，通过设计行业动态、主题学习以及搜集传承礼仪文化来塑造学生。

④教学展示[22]

【教学单元】项目三 任务一酒店服务礼仪的含义及原则

【学时数】1学时

【教学目标】

◆知识目标

▲能够深刻理解礼仪的内涵和酒店服务礼仪的内在含义和精神内核；

▲熟练掌握酒店服务礼仪的原则和现实意义及价值。

◆思维与能力目标

▲能够运用课前预习资料，通过课前自学培养独立思考的能力，培养其思考和解决

问题的能力。

▲了解中国文化的"博大胸怀"和"宽广包容"的特点，由此融入酒店服务的职业精神中，让学生从礼仪文化中触动自己的职业情怀和深化服务精髓。

◆价值塑造目标

▲通过酒店服务礼仪内涵的知识点，充分挖掘中国传统礼文化的内在精神，让学生深度学习中国传统礼仪文化知识以及内在的精神价值；

▲通过酒店服务礼仪原则的知识点，引发深度思考，能够将中国文化"博大胸怀"的境界运用于酒店服务的同时，培育学生建立人类命运共同体意识。

【教学内容】·酒店职业化之"道"·极致服务与知行合一

【课前材料推送】

◆学银在线平台《大学生礼仪素养与魅力提升》慕课，针对校内外学生运行，布置礼仪文化板块内容，要求完成线上知识点学习及章节检测；

◆布置案例材料：搜集新冠疫情暴发后，中国采取的措施，谈谈对中国文化的认识，进而提升学生的爱国情怀以及对中国文化的深度理解。

【课堂教学】

表6-7 教学设计

教学过程	教学设计与教学内容
开课仪式 （2min）	诵读服务十律： 服务于心，躬行谦让；真诚喜悦，从容静定； 妆容得体，洁净简致；顾客至上，心存敬畏； 礼节恰当，进退有度；敏而好学，创新求索； 知止定慧，精进技能；莫执妄念，勿添虚余； 精专服务，知行合一；强行有志，时时修持。
新课导入 （5min）	第一，通过2017年开学第一课主持人董卿在采访93岁许渊冲老先生的照片，引发共鸣，让学生体会"敬"的内涵和骨子里的精神气质。 第二，进而结合课前收集的资料，结合新冠疫情暴发后，中国举措和中国人民的行为，让学生思考和表达自己对中国文化的认知和看法，每个人的认知深浅和认知层面的不同，可以对每个人的发言进行整合梳理及拓宽思维，进一步加深对中国文化力量的感受和热爱，增强学生的爱国情怀。
梳理总结酒店服务礼仪的核心精神 （5min）	教学技术：采用信息平台学习通发布课堂主题讨论，提取词频图，分析酒店服务质量的内涵。
课堂互动 （5min）	谈谈你人生当中印象最深刻的一次服务体验。通过分享服务体验，启发学生思考服务的要素，进而讲解服务发展的三个阶段： ➤基本服务 ➤满意服务 ➤惊喜服务

续表

教学过程	教学设计与教学内容
案例讲授 （5min）	教师讲述自己的服务体验经历，让学生理解酒店服务需要精心设计，并要考虑顾客的积极情绪体验。进而对酒店服务礼仪概念进行阐释。 课堂小结：真正优质的服务是"大道至简"，在某个阶段、某种环境，被顾客喜欢并享受的服务应当是简单而有效的。服务其实不需要过度包装，只要每一样已有的服务能够始终保持良好的水准和品质，就已足够美好了，但这需要态度做基础，"礼由心生"这一经典的礼仪观点，完全可以为良好的服务奠定一块牢固的基石。
理论讲授 （12min）	酒店服务中的知行合一，通过酒店服务的原则深度挖掘中国传统文化原色，结合古圣先贤的经典语录，与酒店服务原则结合，巧妙融入思政元素，达到育人的效果。 ➢ 尊重原则 君子以仁存心，以礼存心，仁者爱人，有礼者敬人。爱人者人恒爱之，敬人者人恒敬之。 ——孟子《孟子·离娄下》 思政融合一：酒店服务做到敬人之心长存，做到尊人和自尊 ➢ 平等原则 子曰："其恕乎！己所不欲，勿施于人。" 思政融合二：酒店服务中遵守"来者都是客"不能厚此薄彼 ➢ 真诚原则 子夏曰："贤贤易色；事父母，能竭其力；事君，能致其身；与朋友交，言而有信。虽曰未学，吾必谓之学矣。" ——《论语·学而篇》 思政融合三：服务中要做到发自内心地真诚待人，关心爱护客户。 ➢ 宽容原则 常宽容于物，不削于人，可谓至极。 ——《庄子·天下》 思政融合四：服务中做到宽以待人，宽容大量。
人体雕塑 （6min）	通过以上内容的学习，以小组为单位用一个姿势展示对他人的尊敬，学习并能践行。

（3）课程教学效果与反思

①做到了专业教学与思政教育的深度融合

其一，挖掘了课程内容的深度，同时又能让学生深刻理解仁爱、诚信、正义、和谐等思想精华和时代的价值。思政元素来自课程内容本身，也真正体现出了课程思政的初心，避免了牵强融合及课程内容与思政两张皮的弊端。

其二，让学生能够深度思考并感受中国文化的"博大精深"，借由这样的文化精神深刻理解酒店服务中的宽容原则、利他原则等。在日常学习中引导学生了解中国优秀传统文化，并能将中国文化的优秀思想和精神运用到自己的做人、学习和未来的工作中，从而实现教学育人一体的目标。

②做到了以学生为中心，以学生的兴趣为出发点的授课方式

兴趣是最好的老师，不论什么课程，在做课程设计的时候都应明确教学的最终目标，让学生愿意学、愿意听，进而愿意接受这门课程。因此教师在传统教学的基础上，要有

轻松活泼的授课方式；要有诙谐幽默的语言表达；要有课堂仪式感。教师应注重从兴趣入手，适时发现、培养学生的创造性思维能力。

其一，坚持以学生为主体，以学习兴趣为主要出发点。引导学生进行深度思考如何把这种精神运用到酒店服务中，进而深刻理解酒店服务礼仪，学生学得开心而轻松，教师教得愉快而顺利，课堂教学在和谐中进行，不仅对学生获取知识有帮助，同样可以陶冶学生的情操。

其二，挖掘中国传统文化的思想与课程思政结合，润物无声。避免了常规课程中的单一、肤浅的就知识点和概念的讲解，在备课的时候大量阅读课外书籍，翻阅文献，找到能增加课程深度的切入点和思政融合的知识点，这样不仅让学生学习了专业知识，同样提高了学生的精神品格塑造、职业观和职业态度的塑造，让思政教育达到了润物无声的效果。

二、课程思政实施的效果分析

（一）学生方面

由图 6-4 可知，在对学生的问卷调查中，"专业课程思政的实施对您有正向的激励作用，您是否认同？" 254 名学生中选择认同的有 171 名，占 67.32%；选择非常认同的有 42 名，占 16.54%；两者相加学生认为课程思政有正向激励作用的比例为 83.86%，说明课程思政为学生带来了较大的正向激励作用。

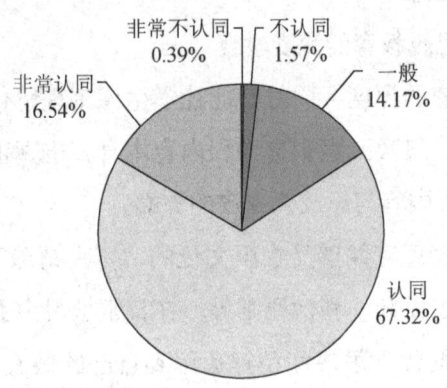

图 6-4 课程思政对学生的正向激励作用百分比

由图 6-5 可知，在对学生的问卷调查中，"本专业课程思政实施效果总体上是否符合您的期望？" 254 名学生中选择符合的有 153 名，占 60.24%；选择非常符合的有 37 名，占 14.57%；两者相加学生认为老师课程思政总体效果符合期望的比例为 74.81%，说明学生对老师课程思政实施的认可度较高。

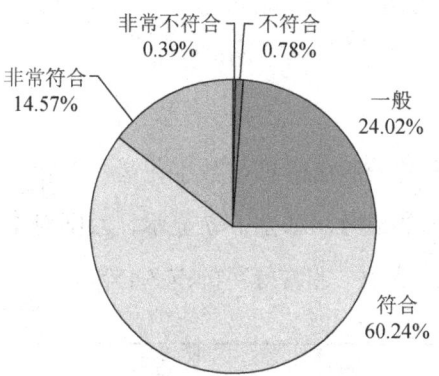

图 6-5　课程思政实施效果总体符合学生期望百分比

由图 6-6 可知，在对学生的问卷调查中，"您对本专业课程思政实施的总体满意程度是？" 254 名学生中选择满意的有 154 名，占 60.63%；选择非常满意的有 39 名，占 15.35%；两者相加学生对老师课程思政总体满意的比例为 75.98%，说明学生对老师课程思政实施的满意度较高。

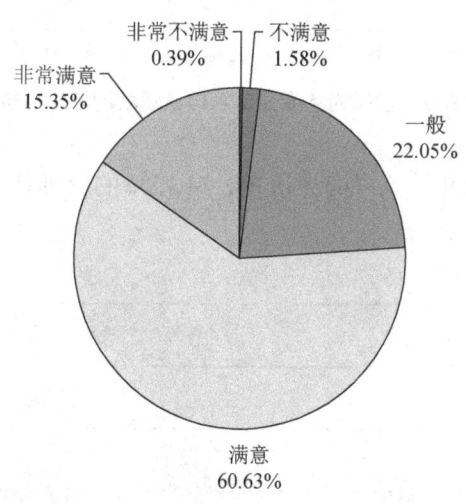

图 6-6　课程思政实施学生的总体满意度百分比

通过对人才培养方案对课程设置调整，课堂教学课程思政的贯穿，学生的学习效果有明显的改善，上课积极性提高，对小组任务勇于担当，共同合作，互相配合，献计献策，集体责任感增强，不再是"事不关己高高挂起"的状态，期末考核成绩有了很大的进步,学习、实习和工作,不是被动地应付而是积极完成并脱颖而出,受到企业单位的好评,学生成就感也增强,对自己的前程充满信心。

(二)教师反馈

1. 从调查结果看

总体上看,所调查高职院校酒店管理与数字化运营专业正在积极开展课程思政的尝试,一些做法也取得了不错的成效。如图6-7显示,教师对本专业课程思政现状总体评价"比较好"的占41.38%,认为"非常好"的占3.45%。

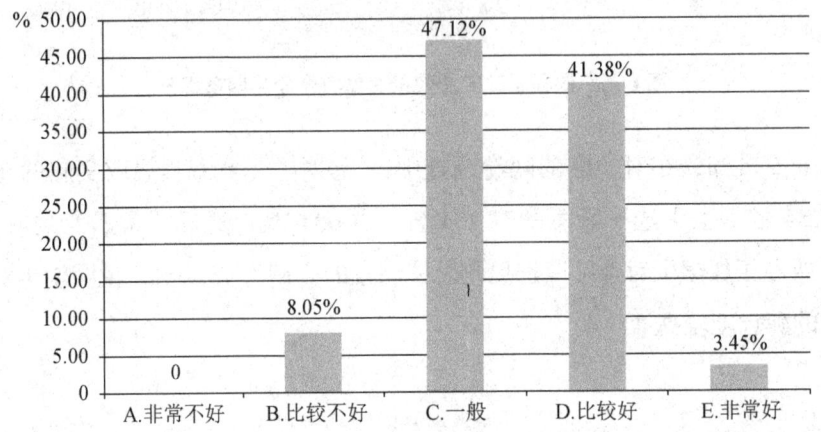

图6-7 教师对本专业课程思政现状的总体评价

而在对本人课程思政教学效果的评价中,51.72%的教师认为"比较好",4.60%认为"非常好"(图6-8)。

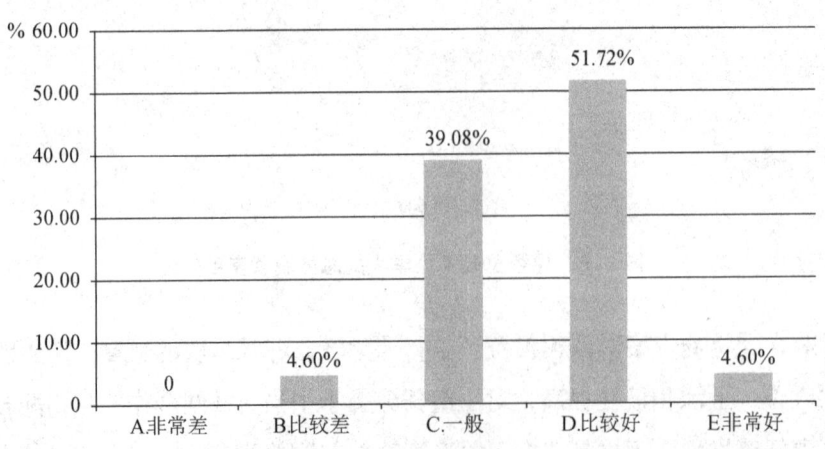

图6-8 教师对本人课程思政教学效果的评价

另外，根据访谈结果，酒店管理与数字化运营专业课程思政"大部分的课程可能还没有找到一个比较好的切入点"，侧面上反映了实施的效果还需进一步提升。

"但是呢，到目前为止开展程度一般，有一些课程有思政的尝试，那么大部分的课程可能还没有找到一个比较好的切入点，大家都只是在一个理论层面会对课程思政比较有了解，但是在实操层面呢，就是这个切入点找得不是很好。"——访谈对象1

教师满意度是课程思政实施效果的重要检测指标。通过教师问卷分别调查了教师对课程思政教学内容安排、教学开展形式的满意度，表6-8显示，无论是教学内容安排还是教学开展形式，处于满意水平的教师均未达半数，而评价"一般"的教师分别达到41.38%和43.68%，说明当前课程思政在教学内容和教学开展形式方面还需要加强。

表6-8 教师课程思政满意度结果

	非常不满意	比较不满意	一般	比较满意	非常满意
教学内容安排	0	9.20%	41.38%	45.98%	3.45%
教学开展形式	0	8.05%	43.68%	42.53%	5.75%

2. 从教学案例看

通过对本专业《餐饮服务与管理》《酒店营销实务》《酒店服务礼仪》三门核心课程的课程思政教学设计案例进行分析，提取课程教学效果部分资料（表6-9），结果显示，《餐饮服务与管理》课程对提升学生的政治意识、文化自信、诚信观念、生活态度、人生追求等都起到了积极的效果，然而对学生人生观、职业理想的教育需要加强。《酒店营销实务》课程对提升学生的专业认同感、跨界视野、政治认同、大国情怀、学习习惯等起到了积极的作用。《酒店服务礼仪》课程对学生的爱国情怀、中国文化认知、职业精神、职业心态、精神品格等产生了积极的效果。教学案例取得的效果基本符合酒店管理与数字化运营专业的课程思政目标。

表6-9 课程思政案例教学效果反馈

序号	课程名称	教师课程教学效果	备注
1	餐饮服务与管理	政治意识有所提升、文化自信得到提高、诚信观念得到增强、生活态度更加乐观、人生追求层次得到提升。	人生观和职业理想教育目标达成度低
2	酒店营销实务	专业认同感极大提升、跨界视野和能力得到锻炼、政治认同和大国情怀得到培养、良好的学习习惯进一步增强。	服务社会的能力有待加强
3	酒店服务礼仪	加深学生的爱国情怀和对中国文化的认知，职业形象、职业精神、职业规法、职业心态得到锻炼，精神品格得到塑造，职业观和职业态度得到塑造。	

参考文献

[1] 人民网. 把思想政治工作贯穿教育教学全过程[EB/OL]. http://theory.people.com.cn/n1/2016/1226/c40531-28977139.html, 2016-12-26.

[2] 教育部. 教育部关于印发《高等学校课程思政建设指导纲要》的通知[EB/OL]. http://www.gov.cn/zhengce/zhengceku/2020-06/06/content_5517606.htm, 2020年05月28日.

[3] 杨国斌, 龙明忠. 课程思政的价值与建设方向[J]. 中国高等教育, 2019（23）: 17.

[4] 李东坡. "课程思政"建设中思政元素的挖掘与运用研究[J]. 高校辅导员, 2020（4）: 19-23.

[5] 肖润花, 李珊珊, 陈文娟. 高职院校推进"课程思政"的内涵与实施策略[J]. 教育与职业, 2021, 998（21）: 82-85.

[6] 沈丹丹. 应用型高校本科专业《管理学》课程思政教学设计探索[J]. 营销界, 2020（43）: 80-81.

[7] 王丹, 张贝尔. 高校酒店管理专业课程思政元素挖掘及融合[J]. 吉林工商学院学报, 2022, 38（1）: 120-122.

[8] 赵继伟. 课程思政建设的原则, 目标与方法[J]. 中南民族大学学报（人文社会科学版）, 2022, 42（4）: 175-180.

[9] 冯宝晶, 陈广祥. 高职院校课程思政建设目标及路径研究[J]. 北京劳动保障职业学院学报, 2021, 15（03）: 65-70.

[10] 闫曾. 课程思政融入酒店管理与数字化运营专业课的探索研究[J]. 科学与财富, 2021（34）: 99-103.

[11] 娄淑华, 马超. 新时代课程思政建设的焦点目标, 难点问题及着力方向[J]. 新疆师范大学学报（哲学社会科学版）, 2021, 42（5）: 96-104.

［12］徐蓉.深刻认识全面推进高校课程思政建设的价值目标［J］.马克思主义与现实，2020（5）：176-182.

［13］广州青年报.提升青年学生政治认同素养扛起新时代的责任担当［EB/OL］.http：//www.gzyouthnews.org.cn/view/6591，2020-06-26.

［14］赵鸣歧.高校专业类课程推进"课程思政"建设的基本原则、任务与标准［J］.思想政治课研究，2018（5）：86-90.

［15］教学质量监督管理员.怎样挖掘课程思政元素［EB/OL］.http：//www.tccu.edu.cn/jxb/2021/0601/c2651a29584/page.htm，2021-06-01.

［16］张潇.酒店管理概论课程思政教学改革和实施路径［J］.成都师范学院学报，2021，37（12）：1-6.

［17］赵元元."双主体""双嵌入式"专业课程思政教学及考核评价体系研究［J］.数字化用户，2021（24）：143-145.

［18］张雅丽，颉洁，郭凯明，等.思政育人元素渗透"餐饮服务与管理"课程体系的理论探索［J］.现代商贸工业，2022，43（1）：168-170.

［19］张远.高职专业课课程思政改革实践：以餐饮服务与管理为例［J］.黄冈职业技术学院学报，2022，24（1）：27-31.

［20］骞姣.餐饮服务与管理课程思政元素设计与实施［J］.现代职业教育，2021（43）：34-35.

［21］张科峰.高职英语"课程思政"教学效果实证研究［J］.湖北开放职业学院学报，2022，35（9）：71-73.

［22］张晓玉."课程思政"教学案例（第68期）［EB/OL］.https：//mp.weixin.qq.com/s/LlhS24u2pOXEWf4_b9BHoA，2022-06-17.

附录一　教师问卷

尊敬的老师：

您好！首先感谢您能在百忙之中抽出时间填写我们的问卷。本问卷主要目的是了解高职酒店管理与数字化运营专业课程思政的实施情况，您所提供的数据与意见非常宝贵。调查结果仅供学术研究之用，绝对保密，请您放心作答。

为了提高问卷的科学性和准确性，特对"课程思政元素"做如下说明：

1. 政治引导类：政治理论、理想信念、家国情怀
2. 思想引领类：社会主义核心价值观、中华优秀传统文化、宪法法治意识
3. 道德熏陶类：社会公德、职业道德、家庭美德、个人品德

填答说明：请在您认为合适的选项上打"√"或在"＿＿＿＿"上填写实际情况，并请确保不遗漏任何题项。

一、基本信息

1. 您的性别：[单选题]*

A. 男　　　　　　B. 女

2. 您的年龄：[单选题]*

A. 30 岁以下　　　B. 31~40 岁　　　C. 41~50 岁　　　D. 50 岁以上

3. 您的教龄是：[单选题]*

A. 5 年以下　　　B. 5~10 年　　　C. 10~15 年　　　D. 15 年以上

4. 您的职称：[单选题]*

A. 教授　　　　　B. 副教授　　　　C. 讲师　　　　　D. 助教

5. 您的政治面貌［单选题］*

A. 中共党员　　　　　B. 非中共党员

二、高职酒店管理与数字化运营专业课程思政实施现状调查

6. 您对课程思政的了解程度是：［单选题］*

A. 非常不了解　　　B. 比较不了解　　　C. 一般　　　D. 比较了解

E. 非常了解

7. 您觉得专业课程中加入思政内容是否必要：［单选题］*

A. 非常没必要　　　B. 比较没必要　　　C. 一般　　　D. 比较必要

E. 非常必要

8. 您对本专业课程思政现状的总体评价是：［单选题］*

A. 非常不好　　　　B. 比较不好　　　　C. 一般　　　D. 比较好

E. 非常好

9. 您对提升本专业思政教学效果的意愿是否强烈：［单选题］*

A. 没意愿　　　　　B. 不太强烈　　　　C. 一般　　　D. 比较强烈

E. 非常强烈

10. 您对本专业思政教学内容的安排是否满意：［单选题］*

A. 非常不满意　　　B. 比较不满意　　　C. 一般　　　D. 比较满意

E. 非常满意

11. 您对本专业思政教学开展的形式是否满意：［单选题］*

A. 非常不满意　　　B. 比较不满意　　　C. 一般　　　D. 比较满意

E. 非常满意

12. 您认为本专业课程思政目标与教学大纲是否匹配：［单选题］*

A. 非常不匹配　　　B. 比较不匹配　　　C. 一般　　　D. 比较匹配

E. 非常匹配

13. 您认为本专业课程思政目标与课程目标是否匹配：［单选题］*

A. 非常不匹配　　　B. 比较不匹配　　　C. 一般　　　D. 比较匹配

E. 非常匹配

14. 您认为本专业课程思政目标与学生学情是否匹配：[单选题] *

　A. 非常不匹配　　　B. 比较不匹配　　　C. 一般　　　　　D. 比较匹配

　E. 非常匹配

15. 您认为本专业课程思政目标的落实程度如何：[单选题] *

　A. 非常不好　　　　B. 比较不好　　　　C. 一般　　　　　D. 比较好

　E. 非常好

16. 您认为本专业课程思政内容与教学内容是否匹配：[单选题] *

　A. 非常不匹配　　　B. 比较不匹配　　　C. 一般　　　　　D. 比较匹配

　E. 非常匹配

17. 您认为本专业课程思政落实的形式是否丰富：[单选题] *

　A. 非常不丰富　　　B. 比较不丰富　　　C. 一般　　　　　D. 比较丰富

　E. 非常丰富

18. 您认为本专业课程内容最容易着手的思政元素有哪些：[多选题] *

　☐ A. 政治理论　　　☐ B. 理想信念　　　☐ C. 爱国主义　　　☐ D. 民族精神

　☐ E. 社会主义核心价值观　　　　　　　　☐ F. 中华优秀传统文化

　☐ G. 法治思维　　　☐ H. 法律权利　　　☐ I. 社会公德　　　☐ J. 职业道德

　☐ K. 家庭美德　　　☐ L. 个人品德

19. 您在专业课程教学过程中选取了哪些思政元素对学生进行思政教育：[多选题] *

　☐ A. 政治理论　　　☐ B. 理想信念　　　☐ C. 爱国主义　　　☐ D. 民族精神

　☐ E. 社会主义核心价值观　　　　　　　　☐ F. 中华优秀传统文化

　☐ G. 法治思维　　　☐ H. 法律权利　　　☐ I. 社会公德　　　☐ J. 职业道德

　☐ K. 家庭美德　　　☐ L. 个人品德

20. 您选择思政内容的依据是：[多选题] *

　☐ A. 教学大纲　　　☐ B. 教学目标　　　☐ C. 教学计划　　　☐ D. 教师专业能力

　☐ E. 学生兴趣爱好和需求　　　　　　　　☐ F. 学生的身心发展特征

　☐ G. 其他，请补充 _____

21. 您在专业课中融入课程思政元素时常用的教学方法有：[多选题] *

　☐ A. 讲解辨析　　　☐ B. 榜样示范　　　☐ C. 案例分析　　　☐ D. 角色扮演

　☐ E. 问题讨论　　　☐ F. 任务驱动　　　☐ G. 参与游戏　　　☐ H. 创意设计

　☐ I. 分组竞赛　　　☐ J. 演讲辩论　　　☐ K. 实地调研

☐ L. 其他，请补充 _____

22. 您在专业课中融入课程思政元素时常用的教学手段是：[多选题]*

☐ A. 场地、器材　　☐ B. 图片（挂图）　　☐ C. 网络平台　　☐ D. 多媒体

☐ E. 其他，请补充 _____

23. 您在专业课程考核中融入思政元素的程度是：[单选题]*

A. 几乎没有　　　　B. 有，但很少　　　　C. 有一些　　　　D. 很充分

24. 您觉得在专业课程思政实施中会遇到哪些困难：[多选题]*

☐ A. 其他事务太多，精力不够

☐ B. 针对酒店专业的课程思政案例较少

☐ C. 针对酒店专业的课程思政培训指导较少

☐ D. 不会设计课程思政内容

☐ E. 教学方式/方法生硬

☐ F. 实施效果不理想

☐ G. 不知道如何多维度对学生开展教学课程思政内容的考核

☐ E. 其他，请补充 _____

25. 近三年，您参加课程思政相关会议和培训的状况是：[多选题]*

☐ A. 参加过教研室的课程思政培训和会议

☐ B. 参加过院系的课程思政培训和会议

☐ C. 参加过校级的课程思政培训和会议

☐ D. 参加过校外的课程思政培训和会议

☐ E. 没有参加过课程思政培训和会议

26. 您参与过哪种类型的专业课程思政培训活动：[多选题]*

☐ A. 思政元素的挖掘研讨或指导

☐ B. 课程思政教学方式、方法及手段的学习及研讨

☐ C. 现场观摩课程思政优秀示范课的教学过程

☐ D. 马克思主义理论、十九大精神等的学习和培训

☐ E. 专家指导、培训等

☐ F. 其他，请补充 _____

27. 您所在院校，职能部门是否以会议、通知或文件形式传达学校课程思政的建设要求？［单选题］*

  A. 是   B. 否

28. 您所在的二级学院（或系部），是否制定了院级（或系部）课程思政教学示范方案？［单选题］*

  A. 是   B. 否

29. 您所在院校，是否公布了课程思政建设方案或指南？［单选题］*

  A. 是   B. 否

30. 您所在院校，是否将课程思政教育成效纳入教师绩效考核评价？［单选题］*

  A. 是   B. 否

31. 您所在院校，是否组织教师参加思政相关培训？［单选题］*

  A. 是   B. 否

32. 您投入课程思政教学研究与实践的精力是否充沛？［单选题］*

  A. 非常不充沛   B. 比较不充沛   C. 一般   D. 比较充沛

  E. 非常充沛

33. 您实施课程思政的意愿是：［单选题］*

  A. 没意愿   B. 不太强烈   C. 一般   D. 比较强烈

  E. 非常强烈

三、专业教师课程思政实施能力调研

34. 您是否能够根据不同专业人才培养特点和专业核心素养要求，准确把握课程思政建设的方向和重点？［单选题］*

  A. 完全不能   B. 比较不能   C. 一般   D. 比较能

  E. 完全能够

35. 您是否能够根据课程思政建设的方向和重点，科学合理挖掘思政内容？［单选题］*

  A. 完全不能   B. 比较不能   C. 一般   D. 比较能

  E. 完全能够

36. 您是否明晰所讲授的专业课程思政目标？［单选题］*

  A. 非常不明晰   B. 比较不明晰   C. 一般   D. 比较明晰

E. 非常明晰

37. 您的教学理念与课程思政目标是否相匹配？[单选题]*

A. 非常不匹配　　B. 比较不匹配　　C. 一般　　D. 比较匹配

E. 非常匹配

38. 您的教学思路与课程思政目标是否相匹配？[单选题]*

A. 非常不匹配　　B. 比较不匹配　　C. 一般　　D. 比较匹配

E. 非常匹配

39. 您的教学内容与课程思政目标是否相匹配？[单选题]*

A. 非常不匹配　　B. 比较不匹配　　C. 一般　　D. 比较匹配

E. 非常匹配

40. 您是否善于运用形式多样、学生喜爱的教学方法，在遵循学生认知规律的基础上，隐性融入思政元素做到既教书又育人？[单选题]*

A. 完全不能　　B. 比较不能　　C. 一般　　D. 比较能

E. 完全能够

41. 您是否善于利用现代信息技术手段，合理运用信息化教学手段增强课程思政育人成效？[单选题]*

A. 完全不能　　B. 比较不能　　C. 一般　　D. 比较能

E. 非常能

42. 您是否善于创新教学模式，探索课程思政育人新模式、新方法、新载体，优化教学过程？[单选题]*

A. 完全不能　　B. 比较不能　　C. 一般　　D. 比较能

E. 完全能够

43. 您对本人课程思政教学效果的评价是：[单选题]*

A. 非常差　　B. 比较差　　C. 一般　　D. 比较好

E. 非常好

44. 您是否能够对课程思政实施的成效与不足进行有效反思？[单选题]*

A. 完全不能　　B. 比较不能　　C. 一般　　D. 比较能

E. 完全能

45. 您是否能够针对课程思政实施的成效与不足,提出教学设计与课堂实施的改进设想?[单选题]*

A. 完全不能　　　　B. 比较不能　　　　C. 一般　　　　D. 比较能

E. 完全能

以上是问卷的全部内容,感谢您的作答!

附录二 学生问卷

亲爱的同学:

您好! 为了深入了解酒店管理与数字化运营专业"课程思政"建设的情况,我们根据研究需要设计了此份调查问卷。此问卷的目的是为了全面真实地了解酒店管理与数字化运营专业"课程思政"建设的现状,从而进一步推进酒店管理与数字化运营专业"课程思政"建设研究。感谢您的配合!

为了提高问卷的科学性和准确性,特对"课程思政元素"做如下说明:

1. 政治引导类:政治理论、理想信念、家国情怀
2. 思想引领类:社会主义核心价值观、中华优秀传统文化、宪法法治意识
3. 道德熏陶类:社会公德、职业道德、家庭美德、个人品德

填答说明:请在您认为合适的选项上打"√"或在"_____"上填写实际情况,并请确保不遗漏任何题项。

1. 您的性别:[单选题]*

A. 男　　　　　　B. 女

2. 您所在的年级:[单选题]*

A. 大一　　　　　B. 大二　　　　　C. 大三　　　　　D. 大四

3. 您的政治面貌是:[单选题]*

A. 中共党员(含预备党员)、入党积极分子　B. 其他

4. 您对本专业所对应工作岗位的了解程度是:[单选题]*

A. 非常不了解　　B. 不太了解　　　C. 一般　　　　　D. 比较了解

E. 非常了解

5. 您使用手机的目的主要是:[多选题]*

□A. 娱乐　　　　□B. 学习　　　　□C. 社交　　　　□D. 创业

□E. 其他,请补充 _____

6. 您对专业课学习所持有的态度是：[单选题] *

　　A. 学得好坏都没关系　　　　　　B. 要为就业打下基础

　　C. 尽量不挂科　　　　　　　　　D. 上课不错，能学到各种知识

　　E. 其他，请补充 _____

7. 您在校期间的状态是：[单选题] *

　　A. 积极向上，有自己的小梦想并为之努力

　　B. 按部就班，按照学校安排学习和生活

　　C. 得过且过，没有目标

　　D. 其他，请补充 _____

8. 在课堂学习中，除了专业内容外，您比较关注哪些方面的信息：[多选题] *

　　□ A. 时政话题　　□ B. 经济发展　　□ C. 社会生活　　□ D. 专业相关

　　□ E. 人生哲理　　□ F. 各类典故　　□ G. 花边新闻

　　□ H. 其他，请补充 _____

9. 您觉得专业课教师在讲授专业知识的时候是否有必要融入思想政治教育方面的内容，例如：大国工匠事迹、行业发展、社会主义核心价值观、心理健康、爱国主义情怀等内容：[单选题] *

　　A. 非常没必要　　B. 没有必要　　C. 可有可无　　D. 有必要

　　E. 非常有必要

10. 您对老师在专业课中讲解社会热点和科技前沿的期望程度：[单选题] *

　　A. 非常不期望　　B. 不期望　　C. 一般　　D. 期望

　　E. 非常期望

11. 您对老师在专业课中讲解社会热点和科技前沿的满意程度：[单选题] *

　　A. 非常不满意　　B. 不满意　　C. 一般　　D. 满意

　　E. 非常满意

12. 您在目前学习过的专业课程中，大概有多少比例的课程涉及思政元素：[单选题] *

　　A. 10%以下　　B. 11%~30%　　C. 31%~50%　　D. 51%~70%

　　E. 71%以上

13. 您较希望老师在专业课程教学中结合讲授哪些思政元素：[多选题] *

　　□ A. 政治理论　　□ B. 理想信念　　□ C. 爱国主义　　□ D. 民族精神

　　□ E. 社会主义核心价值观　　　　□ F. 中华优秀传统文化

☐ G. 法治思维　　☐ H. 法律权利　　☐ I. 社会公德　　☐ J. 职业道德
☐ K. 家庭美德　　☐ L. 个人品德

14. 您的专业课老师在专业课教学中，传授专业知识的同时还会：[多选题]*

☐ A. 政治引导　　☐ B. 思想引领　　☐ C. 道德熏陶

☐ D. 其他，请补充 _____

15. 专业课上哪些活动或内容留给您的印象最深刻：[多选题]*

☐ A. 专业内容讲授　　　　　　☐ B. 思政内容引入

☐ C. 课堂活动　　　　　　　　☐ D. 同学分享 _____

☐ E. 教师点评

16. 除专业知识的学习外，您在专业课上还得到了哪些收获：[多选题]*

☐ A. 学会理性地、批判地看待问题　　☐ B. 学会做人

☐ C. 坚定政治信仰　　　　　　　　　☐ D. 增强爱国情怀

☐ E. 增强文化自信　　　　　　　　　☐ F. 其他 _____

17. 您认为通过课程思政，给您带来的好处有哪些：[多选题]*

☐ A. 传播正能量

☐ B. 帮助我们树立正确的价值观和人生观

☐ C. 提高我们政治素养

☐ D. 培养我们求真、严谨的科学态度

☐ E. 其他，请补充 _____

18. 对专业课教师讲授思政知识，您的态度是：[单选题]*

A. 非常反感　　　B. 反感　　　C. 无所谓　　　D. 可以接受

E. 喜欢

19. 专业课的学习有助于让您了解本专业在我国所占的地位或对国家做出的贡献，您是否认同：[单选题]*

A. 非常不认同　　B. 不认同　　C. 一般　　D. 认同

E. 非常认同

20. 专业课教师所讲授的思政内容对您学习该专业课有帮助，您是否认同：[单选题]*

A. 非常不认同　　B. 不认同　　C. 一般　　D. 认同

E. 非常认同

21. 专业课程思政的实施对您有正向的激励作用,您是否认同:[单选题]*

　　A. 非常不认同　　　B. 不认同　　　C. 一般　　　D. 认同

　　E. 非常认同

22. 本专业老师是否能够结合课程特点,科学合理地挖掘思政内容:[单选题]*

　　A. 完全不能　　　B. 比较不能　　　C. 一般　　　D. 比较能

　　E. 完全能够

23. 本专业老师是否能够将教学内容与课程思政元素有机结合:[单选题]*

　　A. 完全不能　　　B. 比较不能　　　C. 一般　　　D. 比较能

　　E. 完全能够

24. 本专业老师是否常常运用形式多样、学生喜爱的教学方法,隐性融入思政元素,做到既教书又育人:[单选题]*

　　A. 完全不用　　　B. 比较少用　　　C. 一般　　　D. 比较常用

　　E. 经常运用

25. 本专业老师是否常常利用现代信息技术手段,合理运用信息化教学手段增强课程思政育人成效:[单选题]*

　　A. 完全不用　　　B. 比较少用　　　C. 一般　　　D. 比较常用

　　E. 经常运用

26. 本专业老师是否常常运用新方法、新载体,优化课程思政教学过程:[单选题]*

　　A. 完全不用　　　B. 比较少用　　　C. 一般　　　D. 比较常用

　　E. 经常运用

27. 本专业课程思政的讲授内容是否符合您的期望:[单选题]*

　　A. 非常不符合　　　B. 不太符合　　　C. 一般　　　D. 比较符合

　　E. 非常符合

28. 您对本专业课程思政讲授内容的满意程度是:[单选题]*

　　A. 非常不满意　　　B. 不满意　　　C. 一般　　　D. 满意

　　E. 非常满意

29. 本专业老师课程思政教学方法是否符合您的期望:[单选题]*

　　A. 非常不符合　　　B. 不符合　　　C. 一般　　　D. 符合

　　E. 非常符合

30. 您对本专业老师课程思政教学方法的满意程度是：[单选题]*

  A. 非常不满意　　　　B. 不满意　　　　　C. 一般　　　　　　D. 满意

  E. 非常满意

31. 本专业老师课程思政的教学手段是否符合您的期望：[单选题]*

  A. 非常不符合　　　　B. 不符合　　　　　C. 一般　　　　　　D. 符合

  E. 非常符合

32. 您对本专业老师课程思政教学手段的满意程度是：[单选题]*

  A. 非常不满意　　　　B. 不满意　　　　　C. 一般　　　　　　D. 满意

  E. 非常满意

33. 本专业课程思政实施效果总体上是否符合您的期望？[单选题]*

  A. 非常不符合　　　　B. 不符合　　　　　C. 一般　　　　　　D. 符合

  E. 非常符合

34. 您对本专业课程思政实施的总体满意程度是：[单选题]*

  A. 非常不满意　　　　B. 不满意　　　　　C. 一般　　　　　　D. 满意

  E. 非常满意

35. 您认为专业课程思政建设还有哪些方面需要改进：[多选题]*

  ☐ A. 内容再丰富一些　　　　　　　☐ B. 与专业内容衔接更自然一些

  ☐ C. 讲授形式再多样化一些　　　　☐ D. 教材也要有思政元素

  ☐ E. 进一步提升老师的讲授技巧　　☐ F. 其他，请补充 _____

以上是问卷的全部内容，感谢您的作答！

附录三　访谈对象提纲

问题一：您所在学校的酒店管理与数字化运营专业有没有开展"课程思政"？是什么时候开始开展的？开展程度如何？

问题二：您在酒店管理与数字化运营专业"课程思政"实施过程中是怎么做的？有哪些教学方法和步骤？采用了哪些教学手段？

问题三：您在酒店管理与数字化运营专业"课程思政"实施过程中是否进行课程思政考核？运用了哪些方法进行考核？

问题四：您认为酒店管理与数字化运营专业实施"课程思政"存在的困难有哪些？

问题五：酒店管理与数字化运营课程思政与其他专业课程的区别是什么？有什么显著特点吗？

问题六：您认为"课程思政"建设对于培养酒店管理与数字化运营专业学生的意义与价值体现在哪里？

问题七：您对酒店管理与数字化运营专业课程思政实施的建议和意见有哪些？未来应该怎么发展和融入课程思政？采取什么路径进行课程思政？

附录四　访谈记录

访谈对象一

问题一：您所在学校的酒店管理与数字化运营专业有没有开展"课程思政"？是什么时候开始开展的？开展程度如何？

CJ：我所在的顺德职业技术学院酒店管理与数字化运营专业是一直都有开展课程思政的。应该是在2018年左右开始，我们做了一些相关的工作，但是到目前为止开展程度一般。有一些课程有思政的尝试，大部分的课程还没有找到一个比较好的切入点。大家都只是在理论层面对课程思政有一些了解，但是在实操层面，切入点找得还不是很好。

问题二：您在酒店管理与数字化运营专业"课程思政"实施过程中是怎么做的？有哪些教学方法和步骤？采用了哪些教学手段？

CJ：专业课程思政的实施过程怎么做？从管理层面，就是学院、学校会组织一些课程思政的实施培训。学校会组织一些课程设计上的培训，从学院和专业的层面也会去强调课程思政在职教20条当中的重要性，也会让我们的老师去做一些尝试。学院也会组织一些分享活动。

在教学方法和步骤上面，主要是要把课程思政理念更多地融入老师的课程内容当中去。因为现在的课程分成理论课和实践课，在理论课中，可能更多的就会去贯彻一些社会主义核心价值观等思政理念。然后，因为我们是酒店管理专业嘛，它有一个行业的服务性这些内容在里面，所以我们在理论课当中更多会倾向于融入文化自信、用心服务的内容；在实践课当中，我们就会更加注重劳动教育，这种日常生活当中的劳动贯彻。

问题三：您在酒店管理与数字化运营专业"课程思政"实施过程中是否进行课程思政考核？运用了哪些方法进行考核？

CJ：课程思政的实施过程当中是没有说专门进行课程思政考核的，但是我们会在学生的教学评价当中去收集一些反馈。因为并不是所有的课程都有实施，那么有一些课程在实施的时候，会利用教学反馈，比如说让学生去填写一些主观的评价，然后我们会去提取出来一些关键词，来评价学生对课程思政的吸收程度，了解学生对课程思政实施的反馈意见。

问题四：您认为酒店管理与数字化运营专业实施"课程思政"存在的困难有哪些？

CJ：最大的困难还是设计上的吧。因为，每一门课程的内容都不一样，怎么样根据不同的课程做一个比较深入浅出并且是潜移默化的思政教育设计，对于老师来说有比较大的挑战，这对老师的要求会比较高。需要老师非常了解课程的内容，并且在课程的内容当中提取并且着重去潜移默化一些思政内容，能够做到这一点，对老师来说是有很大难度的。

问题五：酒店管理与数字化运营课程思政与其他专业课程的区别是什么？有什么显著特点吗？

CJ：酒店管理是一个服务性的专业，在服务专业当中更多倾向于人文关怀，包括管理过程当中，会更多倾向于一些人性的内容，这使得我们在课程思政的贯彻实施上，侧重点首先就不一样。至于其他特点，我觉得从大的价值观来说都是相对一致的，只是说我们在跟学生的课程设计上，可能会更多去提取一些与人文素质有关的一些思政点。

问题六：您认为"课程思政"建设对于培养酒店管理与数字化运营专业学生的意义与价值体现在哪里？

CJ：我觉得课程思政的建设对于我们学生的意义和价值，更多体现在他未来工作当中的长期一贯性的价值观。因为现在的学生，他未来去工作的酒店，都是比较高端的酒店，在高端的酒店当中，对他所受到的这种价值观的冲击是比较大的。尤其是作为一个基层人员，去服务一些相对比较高端或者一些经济条件比较好的客人的时候，他会产生很大的价值观的冲击。所以我觉得从大学的专业课的学习过程中不断融入课程思政，可以让学生在进入到工作岗位之前就提前了解到他们可能会遭遇到的一些价值冲击。那么我们可以预先做一些思想上的预备，我觉得这对于他们未来的人生，或者看待事情的方式，或者对这个职业和对自己的解读，都会有帮助。

问题七：您对酒店管理与数字化运营专业课程思政实施的建议和意见有哪些？未来应该怎么发展和融入课程思政？采取什么路径进行课程思政？

CJ：我个人觉得如果说想要更好地去发展和融入课程思政的话，不是一个课程设计的老师能够实现的事情，这可能需要一个课程组，甚至是一个专业去一起辅助才能实现。也就是说，虽然大家可能并不是都是讲授同一门课程，但是可以形成一个团队性的力量。从专业的角度和从学院的角度都可以有一个课程思政的建设指导团队，可以有不同的老师来对这个课程思政的设计提出方案。因为刚才我说的，我觉得最难的部分其实是设计部分，在设计好了以后，采取哪些内容点、哪些的考核点去贯彻这个内容，这是老师的个人授课技巧，但是我们首先还是要保证这个课程的设计是从课程标准上、教学方法的设计上，能够做到一个相对比较好的程度的话，在执行上挑战就会相对减少。所以我觉得想要去更好地发展和融入的话，是需要有这样一个知识团队的，而这个团队需要非常清楚当下的一些思政的核心、热点以及和我们这个专业的密切相关，即使不是热点也需要我们这个专业的学生去好好体会或者去理解的这样一些思政点，有这样一个团队能够把它提取出来，并且指导我们的老师完成这样的一个思政设计，我觉得这个事需要未来去加强。

访谈对象二

问题一：您所在学校的酒店管理与数字化运营专业有没有开展"课程思政"？是什么时候开始开展的？开展程度如何？

GHG：有开展"课程思政"。去年开始开展，开展程度不深。

问题二：您在酒店管理与数字化运营专业"课程思政"实施过程中是怎么做的？有哪些教学方法和步骤？采用了哪些教学手段？

GHG：酒店管理与数字化运营专业"课程思政"实施因课程而异，主要采取案例教学和专题教学，教学手段包括课件、视频。

问题三：您在酒店管理与数字化运营专业"课程思政"实施过程中是否进行课程思政考核？运用了哪些方法进行考核？

GHG：没有课程思政考核，但会在教学中设置课程思政目标和内容。

问题四：您认为酒店管理与数字化运营专业实施"课程思政"存在的困难有哪些？

GHG：1.师生对"课程思政"认识和接受程度不高；2.如何把"课程思政"元素巧妙地融入专业课程教学中。

问题五：酒店管理与数字化运营课程思政与其他专业课程的区别是什么？有什么显著特点吗？

GHG：课程思政强调"课程思政"元素巧妙地融入专业课程教学中，原有的专业课程单纯讲授专业知识和技能。

问题六：您认为"课程思政"建设对于培养酒店管理与数字化运营专业学生的意义与价值体现在哪里？

GHG：1.有利于培养学生的家国情怀；2.有利于培养学生的职业认同感。

问题七：您对酒店管理与数字化运营专业课程思政实施的建议和意见有哪些？未来应该怎么发展和融入课程思政？采取什么路径进行课程思政？

GHG：1.提高师生对"课程思政"的认识和接受程度；

2.重点在如何设计好把"课程思政"元素巧妙地融入专业课程教学中。

访谈对象三

问题一：您所在学校的酒店管理与数字化运营专业有没有开展"课程思政"？是什么时候开始开展的？开展程度如何？

LJ：我们学校的酒店管理专业课程是有开展思政类的一些内容的，应该也就是这两三年开始的。现在实施的程度，就是酒店管理专业的课程基本上都会涉及一些思政的相应内容。

问题二：您在酒店管理与数字化运营专业"课程思政"实施过程中是怎么做的？有

哪些教学方法和步骤？采用了哪些教学手段？

LJ：就是一些比较常见的方法，比如案例分析，情景模拟，类似这样的一些教学方式，然后对知识点进行归纳和提升。

问题三：您在酒店管理与数字化运营专业"课程思政"实施过程中是否进行课程思政考核？运用了哪些方法进行考核？

LJ：有进行课程思政考核。对于思政的考核来说的话呢，主要就是通过量化考核的方式，通过自评和他评的方式对自己、对评价人员进行一个打分。还有生生互评和老师点评。通常采用独立思考能力、实践能力、民族自豪感等指标，会根据课程内容有所调整。

问题四：您认为酒店管理与数字化运营专业实施"课程思政"存在的困难有哪些？

LJ：存在的困难主要体现在这样几个方面：第一就是课程思政的教学方式还是多采用一种比较传统的模式，教学方法比较单一；另外一个就是课程思政的一些内容考核是比较困难的，因为课程思政考核的内容体系比较复杂。

问题五：酒店管理与数字化运营课程思政与其他专业课程的区别是什么？有什么显著特点吗？

LJ：它跟其他专业的区别，我觉得是酒店管理类的一些课程的针对性比较强，因为它主要是针对一些酒店类的企业，所以在选取一些现实案例的时候，可能会有一定的局限性。

问题六：您认为"课程思政"建设对于培养酒店管理与数字化运营专业学生的意义与价值体现在哪里？

LJ：它的价值主要是体现在可以增强学生的专业服务的意识，然后提升他们职业的道德感。

问题七：您对酒店管理与数字化运营专业课程思政实施的建议和意见有哪些？未来应该怎么发展和融入课程思政？采取什么路径进行课程思政？

LJ：在建议和对策这方面来说，第一是教师要明确课程思政的内容，第二个方面就需要去思考如何将这些思政内容融入专业课程教学中。第三就是通过一些创新的教学方法，用一些让学生比较容易接受的一些方式融入课程当中，达到润物细无声的教学效果。

访谈对象四

问题一：您所在学校的酒店管理与数字化运营专业有没有开展"课程思政"？是什么时候开始开展的？开展程度如何？

RXM：有，从2020年9月开始，从制定课程标准开始慢慢推进，学校教务处推出课程思政示范课建设项目。

问题二：您在酒店管理与数字化运营专业"课程思政"实施过程中是怎么做的？有哪些教学方法和步骤？采用了哪些教学手段？

RXM：根据每单元的教学内容，结合当下时事政治，在课堂教学"导入新课"时采用，也就是"问题导入法"。

问题三：您在酒店管理与数字化运营专业"课程思政"实施过程中是否进行课程思政考核？运用了哪些方法进行考核？

RXM：还没有具体的做法，学校思政研究中心正在研究出台相关管理制度。

问题四：您认为酒店管理与数字化运营专业实施"课程思政"存在的困难有哪些？

RXM：任课教师对"课程思政"的认识还需要加强。

问题五：酒店管理与数字化运营课程思政与其他专业课程的区别是什么？有什么显著特点吗？

RXM：区别不大，都是育人，培养学生树立社会主义核心价值观，做又红又专的劳动者。

问题六：您认为"课程思政"建设对于培养酒店管理与数字化运营专业学生的意义

与价值体现在哪里？

RXM：酒店行业是服务性、劳动密集型行业。该专业的"课程思政"应特别重视培养学生的职业综合素养，如服务意识、服务技能、礼貌意识、法律意识等。

问题七：您对酒店管理与数字化运营专业课程思政实施的建议和意见有哪些？未来应该怎么发展和融入课程思政？采取什么路径进行课程思政？

RXM：首先强化教师对开展"课程思政"教学意义的认识；培训教师掌握一些可行的方法，比如每两节课花5分钟时间融入思政内容；教师们备课时要留意当下时事政治，选取适合新世代学生的学习习惯和方式，有机融入课程教学。

访谈对象五

问题一：您所在学校的酒店管理与数字化运营专业有没有开展"课程思政"？是什么时候开始开展的？开展程度如何？

WLL：有。2020年9月开始，各课程都会加入思政元素。

问题二：您在酒店管理与数字化运营专业"课程思政"实施过程中是怎么做的？有哪些教学方法和步骤？采用了哪些教学手段？

WLL：结合所教课程，如咖啡品鉴与制作课程，会加入云南咖啡历史，引导学生了解中国咖啡。用探究式教学方法，结合讲故事，观看视频。

问题三：您在酒店管理与数字化运营专业"课程思政"实施过程中是否进行课程思政考核？运用了哪些方法进行考核？

WLL：考核不多。

问题四：您认为酒店管理与数字化运营专业实施"课程思政"存在的困难有哪些？

WLL：如何考核，如何给老师提供帮助。

问题五：酒店管理与数字化运营课程思政与其他专业课程的区别是什么？有什么显

著特点吗？

WLL：还是酒店专业的课程特色吧。课程不同，思政元素也不同。

问题六：您认为"课程思政"建设对于培养酒店管理与数字化运营专业学生的意义与价值体现在哪里？

WLL：爱国，敬业，工匠精神，珍惜劳动。

问题七：您对酒店管理与数字化运营专业课程思政实施的建议和意见有哪些？未来应该怎么发展和融入课程思政？采取什么路径进行课程思政？

WLL：无意见。结合自己所上课程融入，不能刻意，不能过量。

访谈对象六

问题一：您所在学校的酒店管理与数字化运营专业有没有开展"课程思政"？是什么时候开始开展的？开展程度如何？

ZP：有。2020年开始，学校非常重视，在各课程中逐渐推进。

问题二：您在酒店管理与数字化运营专业"课程思政"实施过程中是怎么做的？有哪些教学方法和步骤？采用了哪些教学手段？

ZP：点面结合，有共性——职业素养、职业道德熏陶；点——结合课程属性，有不同的侧重点。

教学方法：讲授法、行为示范法、案例讨论法。

讲授法：比如讲解国内酒店品牌的崛起，在世界酒店品牌中的排名，树立大国自信。

案例讨论法：比如国潮热营销案例——文化自信，大数据杀熟引导讨论数字时代道德意识。

行为示范法：老师在工作中身体力行，引导学生端正学业态度等。同学们分享身边对思政元素的观察。

问题三：您在酒店管理与数字化运营专业"课程思政"实施过程中是否进行课程思

政考核？运用了哪些方法进行考核？

ZP：对于显性的职业素养会采取识记知识点的考试方式；对于行为态度类的，则观察同学们上课态度、行为规范，在平时表现中适当权重。

问题四：您认为酒店管理与数字化运营专业实施"课程思政"存在的困难有哪些？

ZP：深挖有意义的载体，评价比较主观。

问题五：酒店管理与数字化运营课程思政与其他专业课程的区别是什么？有什么显著特点吗？

ZP：服务属性。款客——hospitality 热情温暖，不卑不亢；细微中见匠心。

问题六：您认为"课程思政"建设对于培养酒店管理与数字化运营专业学生的意义与价值体现在哪里？

ZP：热爱行业、良好的行为操守、抗挫能力。

问题七：您对酒店管理与数字化运营专业课程思政实施的建议和意见有哪些？未来应该怎么发展和融入课程思政？采取什么路径进行课程思政？

ZP：建议：与职场实践、学生社会服务等第二课堂方面融合，在实践中感悟思政元素。专业全面规划，深挖思政元素，统筹布局，争取全面思政。

路径方面：确定专业思政目标—各课程思政目标—选择载体—选择方法—实践—评价考量，充分借助科技与数据的力量。注重学生实践。

访谈对象七

问题一：您所在学校的酒店管理与数字化运营专业有没有开展"课程思政"？是什么时候开始开展的？开展程度如何？

ZY：有开展，2020 年 10 月开展，开展课程思政示范课程建设、师资培训等，包括酒店服务礼仪、客房服务与管理等课程。

问题二：您在酒店管理与数字化运营专业"课程思政"实施过程中是怎么做的？有哪些教学方法和步骤？采用了哪些教学手段？

ZY：实施过程中主要围绕酒店管理专业人才培养特点，做好思政系统设计，优化课程标准；主要实施思政案例教学法、情景模拟法、视频研讨法等，落实立德树人，帮助学生树立社会主义核心价值观，在酒店专业课程学习中渗透敬业、诚信、友善的基本道德规范和行为准则。

问题三：您在酒店管理与数字化运营专业"课程思政"实施过程中是否进行课程思政考核？运用了哪些方法进行考核？

ZY：进行课程思政考核；主要通过课程思政目标渗透，实施"课前自主学""课中一起学""课后共成长"的三维循环教学环节来强调思政目标、突破教学难点，并实施在线测试、小组PK、课程调研、主题辩论等考核。

问题四：您认为酒店管理与数字化运营专业实施"课程思政"存在的困难有哪些？

ZY：思政课程改革，难点在于如何预设课程情境及任务，引导学生"动嘴""动眼""动脑""动手"，最终实现"动心"，实现思政目标。

问题五：酒店管理与数字化运营课程思政与其他专业课程的区别是什么？有什么显著特点吗？

ZY：有明显区别，主要体现在酒店专业更注重思政教育与行业职业的结合、与职业素养塑造相结合、校内教学与社会实践的相结合。

问题六：您认为"课程思政"建设对于培养酒店管理与数字化运营专业学生的意义与价值体现在哪里？

ZY：提升酒店专业学生的人文精神，培养其积极健康的情感、态度、价值观和人生观。

问题七：您对酒店管理与数字化运营专业课程思政实施的建议和意见有哪些？未来应该怎么发展和融入课程思政？采取什么路径进行课程思政？

ZY：酒店管理与数字化运营专业课程思政实施应该构建全员、全过程、全课程育人格局的形式，将专业课程与思想政治理论课同向同行，形成协同效应，把"立德树人"作为教育的根本任务，强化综合教育理念。应该加强校企联动、第二课堂、学生社团等形式多样的课程思政教育主题活动，浸润式培养学生欣赏美、创造美的能力，提升学生人文素质，推动三全育人全面落地。

访谈对象八

问题一：您所在学校的酒店管理与数字化运营专业有没有开展"课程思政"？是什么时候开始开展的？开展程度如何？

ZSY：课程思政应该是学校的统一行为，每个专业都是按照学校的规章制度执行的。但我印象里面好像是2019年开始了第一批课程思政。下发的文件要求老师们去报名参加课程思政竞赛，每个专业有1~2门课程可以推荐上去。但还是有很多指标浪费了。2020年碰到疫情，教务处组织了很多课程思政方面的网上培训，老师可以自愿报名。2021年开展了第二次课程思政竞赛，相对来说就要竞争了，需要评选后才能参赛。

问题二：您在酒店管理与数字化运营专业"课程思政"实施过程中是怎么做的？有哪些教学方法和步骤？采用了哪些教学手段？

ZSY：我觉得课程思政没有什么特别之处，即使不提这个概念，我们上课的时候也要侧重于对学生的思想教育。

开展课程思政的教研活动比较少。教研活动本身就比较少组织，都是学校开会，学院开会呀，具体到教研室层面，我们还是比较少开展专业层面的课程思政活动。

问题三：您在酒店管理与数字化运营专业"课程思政"实施过程中是否进行课程思政考核？运用了哪些方法进行考核？

ZSY：没有。

问题四：您认为酒店管理与数字化运营专业实施"课程思政"存在的困难有哪些？

ZSY：我觉得主要是考核方面，目前还没有一套量化的考核标准，很难把握怎样考核才是有效的。

问题五：酒店管理与数字化运营课程思政与其他专业课程的区别是什么？有什么显著特点吗？

ZSY：我觉得所有的课程思政都是跟专业相关的，都体现在专业技能、专业培训方面会有所不同。我觉得课程思政分两个体系，一个是公共体系，就是要做一些职业道德、职业规范，第二个就体现在专业层面上的一些实践技能，比如工科和文科不一样，工科可能要求特别细心、特别严谨。像酒管专业主要是在服务人方面，要有一些个性化的、人性化的服务，课程思政方面就一定要有意识地往这个方面去融入。

问题六：您认为"课程思政"建设对于培养酒店管理与数字化运营专业学生的意义与价值体现在哪里？

ZSY：我觉得这个还是有必要的，思想意识形态没解决，做事就没有动力，服务效果和服务质量可能就没那么好。这其实就是职业态度、职业素质的教育。

问题七：您对酒店管理与数字化运营专业课程思政实施的建议和意见有哪些？未来应该怎么发展和融入课程思政？采取什么路径进行课程思政？

ZSY：我觉得可能还是老师之间要多一些沟通交流。比如在一起备课呀，设计一下这些课程啊，也就是说要把集体备课、集体商讨这些教学备课活动搞得更具体一点，但这个确实是很难推行的。

平台课现在就是一门课有四五个老师同时上的，但专业课、专业核心课一般就是一位老师上。我觉得如果是平台课的话，四五个老师真的要组织好的话，上课的效果还是比一个老师上要好。这个学期我们开了《粤港澳美食文化》这门平台课程，四位老师上，我和另外一位专任老师，另外两位老师是兼职的，我正在牵头组织集体备课。

图书在版编目（CIP）数据

高职酒店管理与数字化运营专业课程思政探索与实践/赵莹雪，梁少华，郭祎著．－－北京：旅游教育出版社，2022.11

ISBN 978-7-5637-4487-9

Ⅰ．①高… Ⅱ．①赵… ②梁… ③郭… Ⅲ．①高等职业教育－思想政治教育－教学研究－中国 Ⅳ．①G711

中国版本图书馆CIP数据核字(2022)第208040号

高职酒店管理与数字化运营专业课程思政探索与实践

赵莹雪　梁少华　郭祎　著

责任编辑	郭珍宏
封面图片	赵莹雪　提供
出版单位	旅游教育出版社
地　　址	北京市朝阳区定福庄南里1号
邮　　编	100024
发行电话	（010）65778403　65728372　65767462（传真）
本社网址	www.tepcb.com
E - mail	tepfx@163.com
排版单位	北京旅教文化传播有限公司
印刷单位	北京虎彩文化传播有限公司
经销单位	新华书店
开　　本	787毫米×1092毫米　1/16
印　　张	10
字　　数	150千字
版　　次	2022年11月第1版
印　　次	2022年11月第1次印刷
定　　价	68.00元

（图书如有装订差错请与发行部联系）